EKELOGIE

Fiese Fakten über deinen Körper

Sylvia Branzei
Jack Keely (Illustr.)

Verlag an der Ruhr

Impressum

First published in the United States under the title GROSSOLOGY
by Sylvia Branzei, illustrated by Jack Keely.

Titel der deutschen Ausgabe: Ekelogie –
Fiese Fakten über deinen Körper

Autorin: Sylvia Branzei
Illustrationen: Jack Keely
Übersetzung: Jessika Komina
Bearbeitung für Deutschland: Verlag an der Ruhr
Druck: B.o.s.s Druck und Medien GmbH, Goch
Verlag: Verlag an der Ruhr
Alexanderstraße 54 – 45472 Mülheim an der Ruhr
Postfach 10 22 51 – 45422 Mülheim an der Ruhr
Tel.: 0208/439 54 50 – Fax: 0208/439 54 239
E-Mail: info@verlagruhr.de
www.verlagruhr.de

ISBN 978-3-8346-0390-6

geeignet für
die Altersstufe

10 11 12 13 14 15 16

Gedruckt auf chlorfrei gebleichtes Papier.

Die Schreibweise der Texte folgt der neuesten Fassung der Rechtschreibregeln – gültig ab August 2006.

Inhalt

Eklige Einleitung

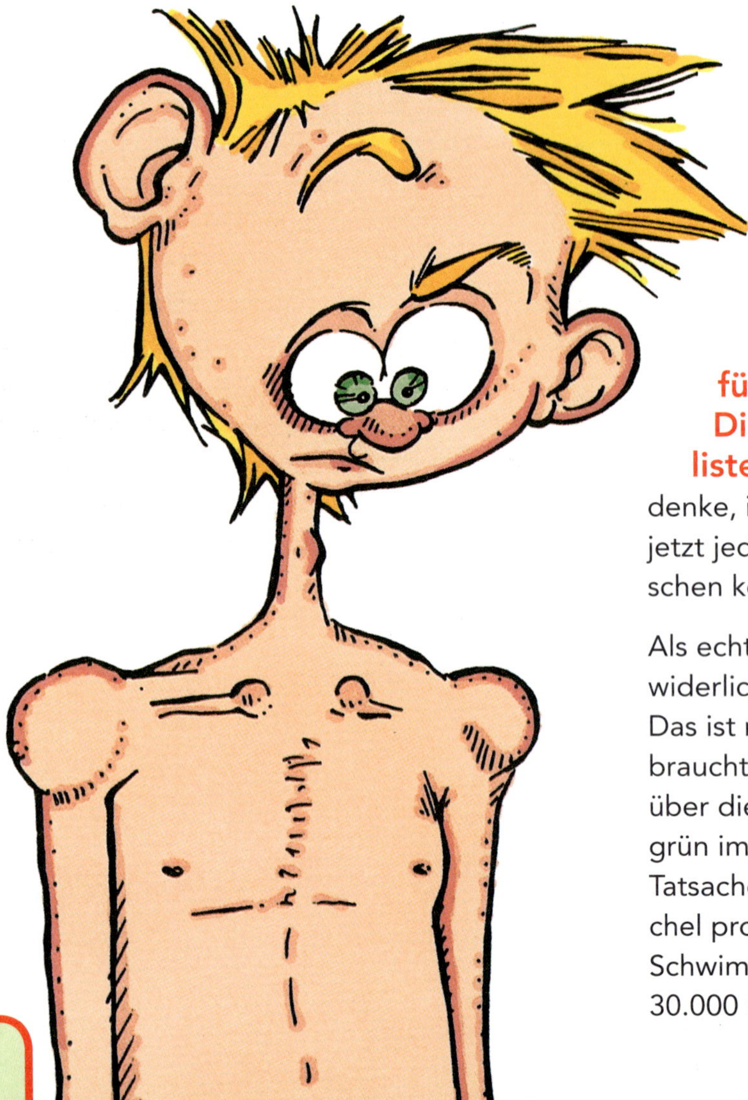

Manchmal stinkt er. Manchmal bildet er widerwärtige Krusten. Und manchmal kommt er ziemlich schleimig daher. Tja, das ist euer **Körper**. Den eigenen Geruch, Schorf, oder was man sonst so absondert, findet man ja meistens nicht allzu scheußlich. Bei anderen Leuten kommt einem das Ganze gleich viel unappetitlicher vor. Aber egal, ob bei euch selbst, eurem Onkel, eurem Lehrer oder beim Jungen nebenan, im Körper läuft immer dasselbe abartige Zeug ab. Wenn ihr dieses Buch lest, dann seid ihr bald **Experten für Ekelhaftes, Wissenschaftler im Dienste der Widerlichkeit, Spezialisten für Scheußliches …** Okay, ich denke, ihr versteht schon. Und deshalb lernt ihr jetzt jede Menge fiese Fakten über den Menschen kennen.

Als echte **Ekelogen** müsst ihr euch mit den widerlichen Seiten des Lebens beschäftigen. Das ist nicht weiter schwierig, alles was ihr braucht, ist ein robuster Magen. Informiert euch über die Dinge, bei denen andere Leute ganz grün im Gesicht werden – wie zum Beispiel die Tatsache, dass ihr in eurem Leben genug Speichel produziert, um damit mehrere große Schwimmbecken zu füllen. Insgesamt fast 30.000 Liter!

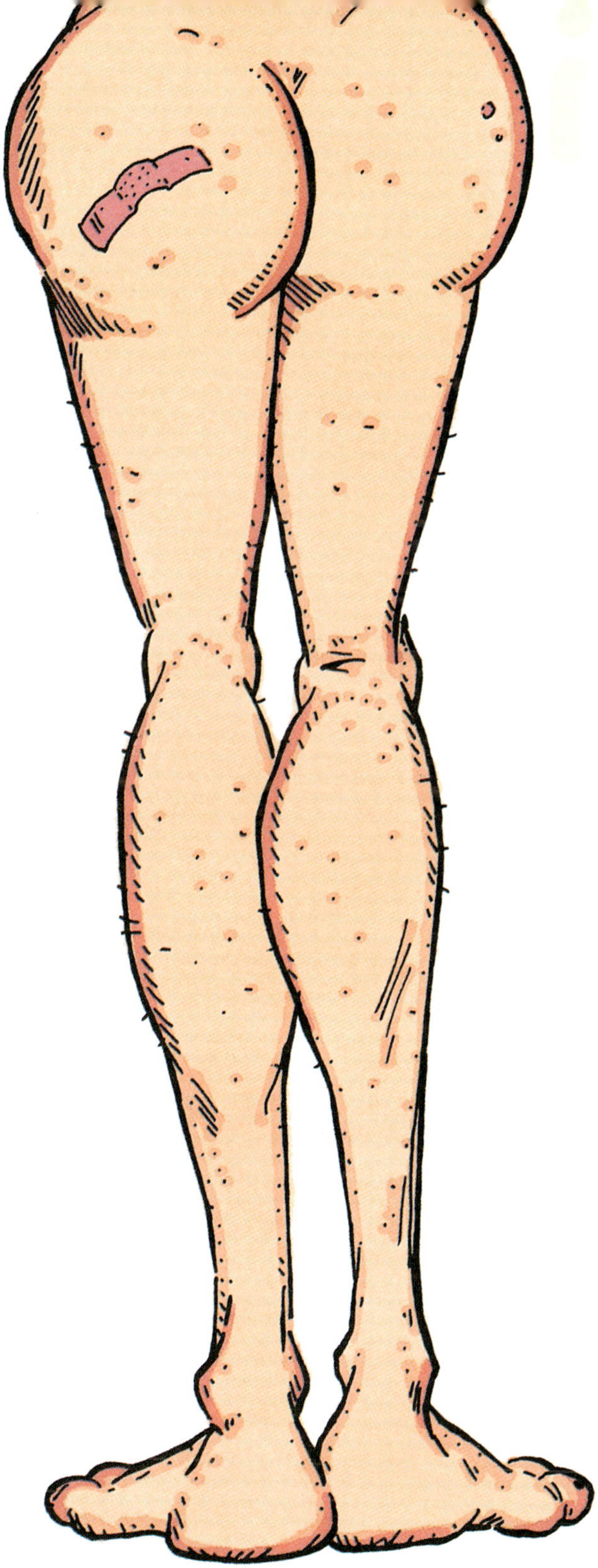

Eklige Einleitung

Im Mittelalter war es absolut in Ordnung, vor anderen Leuten in der Nase zu popeln. Höchstens eine extrem pingelige Person hätte vielleicht etwas zu mäkeln gehabt: **„O holde Maid (oder edler Knabe), wenn der Nasen eklyger Inhalt zu Boden fallet, so zerreybe ihn mit dem Fuße, auf dass man ihn nicht mehr sehe!"** Erzählt diese unappetitlichen Tatsachen ruhig weiter, damit auch andere Leute etwas von den fiesen Fakten hören. Außerdem ist es echt interessant, wie sie reagieren. Also, lasst eure Mutter, euren Bruder, euren Vater, eure Schwester, eure Großeltern, Tanten, Onkel, Nachbarn, Cousins und Cousinen, Freunde, Lehrer, Busfahrer und alle, die ihr sonst noch kennt, an euren ekelogischen Erkenntnissen teilhaben. Aber denkt dabei immer daran, dass der Ekelfaktor bei jedem anders ist. Zu einem Thema, bei dem euch das Mittagessen wieder hochkommt, sagt euer Freund vielleicht nur „Na und?" und beißt dann in sein Butterbrot, als wäre nichts gewesen.

Schleimiges, Matschiges und Triefendes

Würg!

Zweites Frühstück

Euer Mund wird wässrig, der Magen verkrampft sich, ihr ringt nach Luft und rast zur Toilette; dann steht ihr endlich vor der Kloschüssel, reißt den Mund auf und –

Bwwwrrrrrrruuuuüüüääääähhh!

Ihr habt dem Klo gerade feierlich euren Mageninhalt „übergeben"!

Manchmal, nachdem sie sich so richtig heftig erbrochen haben, sagen manche Leute, ihnen hätte sich der Magen „umgestülpt". Das ist natürlich Quatsch. Der Magen bleibt brav an seinem Platz, nur das Zeug in ihm drin kommt wieder raus. Wenn man mal eine Kotzeanalyse macht und sich die Bestandteile näher anschaut, bevor man auf die Toilettenspülung drückt oder alles wegwischt, kann man eine Menge über das **Übergeben** lernen. Natürlich findet sich im Erbrochenen alles, was ihr von eurer letzten Mahlzeit noch nicht verdaut habt. Darunter fällt meistens der schwer verdauliche, harte Kram, wie Obst und Gemüse. Aber das ist noch längst nicht alles, was man auskotzt. Da ist auch noch eine klare, schleimige Flüssigkeit. Das ist der **Magenschleim**, vermischt mit einem Spritzer schlabberigem Speichel. In der innersten Schicht des Magens, der **Mucosa (Magenschleimhaut)**, sitzen Drüsen, die diesen Schleim produzieren und so dafür sorgen, dass die Magenwände nicht von der Säure im Magen zerfressen werden.

Igitt! Die Bakterien in eurem Darm in Großaufnahme.

Schleimiges, Matschiges und Triefendes

Wenn man sich übergeben muss, dann sind die Magenwände schon seit einer ganzen Weile ziemlich gereizt, sodass noch mehr Schleim als sonst hergestellt wird. Die Säure, die das Essen in eurem Magen zersetzt, heißt **Salzsäure** und gehört auch zur Kotzmischung. Salzsäure ist in konzentrierter Form so stark, dass sie sogar Rasierklingen aus Stahl zerfressen kann. Im Magen wird sie durch den Schleim und das Essen verdünnt. Außerdem gehören zu dem, was ihr so von euch gebt, noch **Enzyme**, die normalerweise Fett, Fleisch und Stärke im Magen zerkleinern. Diese Säfte zersetzen und zerfressen alles, was in den Magen gelangt, dafür sind sie da. Und auch auf dem Weg durch euren Rachen erledigen sie einfach weiter ihre Arbeit. Deshalb fühlt sich euer Hals nach dem Übergeben auch so wund an.

Damit liegt nun alles, was euer Magen so hergibt, fein säuberlich aufgereiht auf dem Badezimmerboden.

Aber wieso ist Kotze dann so schön grün? Tja, dieses zauberhafte Grün kommt gar nicht aus dem Magen. Das ist **Galle** aus eurem Dünndarm, einer Art Verdauungsröhre, die an den Magen anschließt. Wenn man sich übergibt, dann kommt normalerweise nicht nur das Zeug aus eurem Magen, sondern auch das aus dem vorderen Teil des Darms wieder raus. Dort finden sich vor allem komplett zermatschtes Essen, das man **Chymus** nennt, und Galle. Galle besteht aus Salzen, außerdem **Cholesterin**, das vom fettigen Essen kommt, sowie **Bilirubin**, das ist ein Farbstoff, die Erbrochenes grün und Kot braun färbt. Wenn ihr euch also das nächste Mal übergeben müsst, könnt ihr sagen: „Wahnsinn, ich habe gerade Schleim, Speichel, Salzsäure, Enzyme, Chymus, Galle UND mein Frühstück ausgespuckt!"

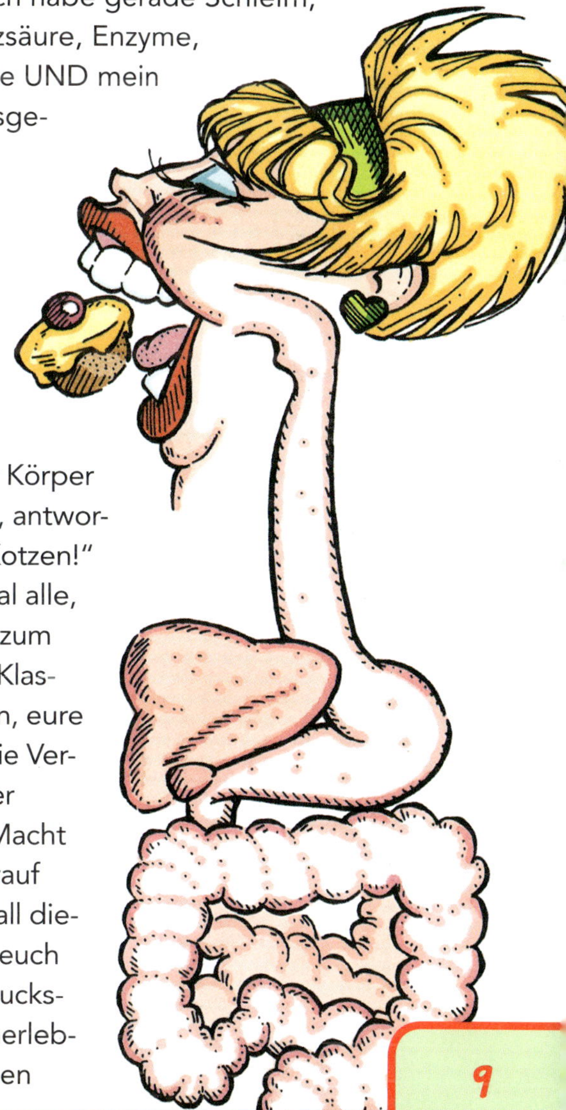

Die meisten Leute, die man fragt: „Was ist der ekligste Trick, den der Körper so draufhat?", antworten einem: „Kotzen!" Fragt doch mal alle, die ihr kennt, zum Beispiel eure Klassenkameraden, eure Familie und die Verkäuferin an der Wursttheke. Macht euch aber darauf gefasst, dass all diese Menschen euch an ihren eindrucksvollsten Brecherlebnissen teilhaben

Schleimiges, Matschiges und Triefendes

Versucht nie, aber auch niemals, euch absichtlich zu übergeben. Das ist dumm und gefährlich. Geht einfach zur Schule, und schreibt die Klassenarbeit mit, oder worum ihr euch sonst herummogeln wolltet. Wer sich den Finger öfter in den Hals steckt, macht sich damit bloß Magen, Hals, Mund und Zähne kaputt.

lassen wollen – aus irgendeinem unerfindlichen Grund erzählen viele Leute unheimlich gern Kotzgeschichten. Das kann einem ganz schön auf den Magen schlagen. Schon die meisten Wörter, die mit dem Übergeben zu tun haben, hören sich eklig an: würgen, kotzen, reihern oder speien. Trotzdem ist es wichtig für euren Körper, dass ihr euch übergeben könnt. So wird er alles wieder los, was für euch vielleicht gefährlich ist. Erbrechen ist sogar so wichtig, dass es dafür extra ein Zentrum im Gehirn gibt, das **Area postrema** heißt und diesen unkontrollierbaren Akt auslöst. Wenn dieses Nervenzentrum loslegt, könnt ihr gar nichts anderes tun, als euch zu ergeben und das Unvermeidliche geschehen zu lassen. Das Gehirn erteilt den Kotzbefehl aus vier verschiedenen Gründen.

1. Wenn man spucken muss, liegt das meistens an irgendetwas, das die Magenschleimhaut reizt. **Zu viel Essen oder Trinken, giftige Substanzen, Bakterien, Viren oder auch Infektionen** können den Magen ganz schön verärgern. Und wenn er einmal wütend ist, dann aber richtig: Der ganze Körper wird krank.

2. In euren Ohren und im Gehirn befinden sich Organe, die für euer **Gleichgewicht** verantwortlich sind. Wenn das Gehirn nicht versteht, was der Gleichgewichtsnerv ihm sagen will, gerät es ganz durcheinander und sagt sich: „Das ergibt überhaupt keinen Sinn. Hier stimmt doch was nicht! Ich muss unbedingt etwas unternehmen." So schlägt es in der Area postrema Alarm und löst den Brechreiz aus. Darum wird manchen Leuten auf Schiffen, beim Segeln, im Auto und in der Achterbahn übel.

3. Frauen müssen sich oft übergeben, wenn sie **schwanger** sind. „Oh, wie herrlich! Ich bekomme ein Baby! Rrrrruuuuuoooaaahhh!" Schuld daran ist nicht etwa die Freude über das Kind, sondern vielmehr liegt es an gewissen körperlichen Botenstoffen, die man Hormone nennt. Wenn man schwanger ist, verändert sich der Körper sehr schnell. Und diese Veränderungen bringen den Körper ganz aus dem Gleichgewicht und verursachen einen gereizten Magen.

4. Na, ist euch jetzt schon vom Lesen schlecht geworden? Bei einem **fiesen Gestank oder ekelhaften Anblick**, wenn man an etwas Widerliches denken muss oder einfach nur nervös ist, fühlt man sich oft, als käme einem gleich alles hoch. Und manchmal kommt es dann auch. Die Wissenschaft ist sich noch nicht ganz sicher, warum das Gehirn in so einem Fall mit Erbrechen reagiert. Vielleicht will es einen ja auch nur ablenken, damit man nicht mehr an das denken muss, was einen so aufgeregt hat. Das ist zwar nicht unbedingt angenehm, ihr müsst aber zugeben, dass es funktioniert.

Man kann eigentlich gar nichts machen, um eine Kotzattacke aufzuhalten. Hält man sich den Mund zu, dann kommt der ganze Schlamassel wahrscheinlich durch die Nase raus. Am besten **wartet man einfach ab, bis alles vorbei ist.** Durch das Gespucke verliert euer Körper jedoch jede Menge Flüssigkeit, und darum solltet ihr versuchen, das mit Wasser, Tee, Apfelsaft oder Brühe auszugleichen. Wenn man sich länger als ein paar Tage übergeben muss oder gar Blut erbricht, sollte man auf jeden Fall zum Arzt gehen.

Wenn jemand sich in einem richtig weiten Strahl übergibt und dabei sogar bis an die Decke kommt oder quer durchs Zimmer speit, dann ist das ein echtes Kotzgeschoss. Das kann passieren, wenn die Kehle sich so zusammenzieht, dass nur noch ein kleines Loch für den Mageninhalt bleibt. Das Zeug kommt dann genau so herausgeschossen wie Wasser aus einem Schlauch, den man mit dem Daumen zugehalten hat. So etwas kommt häufig bei kleinen Kindern vor.

Ziemlich popelig!

Siebzig von hundert Leuten geben zu, dass sie danach bohren. Und drei von diesen siebzig gestehen, dass sie sie aufessen. **Popel!** Und die Dunkelziffer ist bestimmt noch höher. Hört euch doch mal in eurem Bekanntenkreis um.

Popel können glitschig oder schorfig sein. Sie sind gelb, grün oder manchmal auch braun. Und immer irgendwie klumpig. Eigentlich sind Popel **Nasenmüll**.

Jeden Tag atmet ihr so viel Luft ein wie in einem ganzen Zimmer ist. Wäre diese Luft wirklich nichts weiter als Gas, dann würdet ihr gar keine Popel fabrizieren. Aber in der Luft sind auch noch Staub, Qualm, Grus, Bakterien, mikroskopisch kleine Pilze, Pollen, Ruß, Metallteilchen, Asche, Fussel, Sand und sogar klitzekleine Meteoriten. Die Nase muss sich unter anderem darum kümmern, dass dieser ganze Kram draußen bleibt.

Dabei helfen ihr zunächst einmal viele raue Borsten: die **Nasenhaare**. Diese Haare werden auch **Vibrissae** genannt – übrigens genau wie die Schnurrhaare von Katzen. Guckt euch eure Vibrissae mal an. Oder besser noch, seht euch die Nasenhaare eures Vaters, Onkels oder Großvaters an. Erwachsene Männer haben nämlich jede Menge Nasenhaare. Die Härchen alleine funktionieren wie ein Besen, durch den Luft gepustet wird. Ein bisschen Müll würde so schon hängen bleiben. Jetzt stellt euch aber mal vor, wie viel mehr hängen bliebe, wenn man den

Besen in Öl oder Wasser tauchen würde. Und genau so ist das auch in eurer Nase. Die Härchen und die Haut in eurer Nase sind mit einer **klebrigen Flüssigkeit** überzogen, die man **Mucus** oder einfach **Rotz** nennen kann. Schmutzteilchen und anderer Kram bleiben in euren Nasenhaaren hängen, und dann umhüllt sie dieser Nasenschleim. Das ganze klebrige Zeug pappt nach und nach zu einem großen Klumpen zusammen – einem prächtigen Popel. Bleibt der Popel noch ein bisschen bei euch hängen und ihr atmet trockene Luft ein, dann verdunstet die Flüssigkeit, und ihr habt einen trockenen Popel produziert. Falls ihr etwas mehr Schleim in der Nase habt oder die Luft ziemlich feucht ist (ihr also viele Wasserteilchen mit einatmet), dann bleibt der Popel schön saftig.

Schleimiges, Matschiges und Triefendes

Popel bleiben so lange in der Nase, bis man sie ausatmet, einatmet oder eben rauspopelt.

Um es festzuhalten: Popel sind eigentlich total verdreckter Nasenschleim. Außer der Tatsache, dass es ziemlich widerlich ist, Popel zu essen, ist es auch deshalb keine gute Idee, weil man dabei eine ganze Menge ekliges Zeug verputzt. Auch Nasebohren ist nicht unbedingt hygienisch, wenn man mal darüber nachdenkt. Wenn ihr richtig fest bohrt, bekommt ihr sogar Nasenbluten. Nicht gerade lustig. Ach ja, und schreibt doch bitte eine Postkarte, wenn ihr oben angekommen seid!

Große Geschäfte

Wart ihr heute schon auf dem **WC**? Wieso eigentlich WC? Das Wort „Klo“ ist eigentlich eine Abkürzung von „Wasserklosett“, und das wiederum stammt vom englischen „Water-Closet“, was einen abgeschlossenen Raum (in diesem Fall die Kloschüssel) beschreibt, den man mit Wasser spülen kann. Das Klo, wie wir es heute kennen, wurde nämlich in England erfunden. Vorher haben viele Leute einen so genannten **„Leibstuhl“** benutzt, das war ein Stuhl, der in der Sitzfläche ein Loch hatte, unter dem ein Eimer hing. Deshalb wird Kot auch als „Stuhl“ oder „Stuhlgang“ bezeichnet. Derjenige, der den Eimer ausleeren musste, hatte wohl einen ziemlich beschissenen Job.

Jahr für Jahr geben wir mehrere Millionen Euro aus, um sie abzuwischen, wegzuspülen, loszuwerden und wieder aufzubereiten. Und es kommt immer mehr Geld dazu, weil wir nie damit aufhören, sie zu produzieren – Kacke. Kot, Aa, Scheiße, Köttel, Haufen oder **Fäkalien** – nennt es, wie ihr wollt.

Wenn ihr heute – oder morgen, falls ihr jeden zweiten Tag geht – „zu Potte kommt“ (ja, auch dieser Ausdruck kommt daher), dann hinterlasst ihr dort einen mehr oder weniger festen Brei, der aus unverdautem Essen vom Vortag, Wasser, Salz, Hautzellen, kleinen Lebewesen, die man Bakterien nennt, den Häufchen dieser Bakterien und Farbstoffen (so genannten Pigmenten) besteht.

Schleimiges, Matschiges und Triefendes

Einige Fasern aus dem Gemüse, das ihr esst, landen in der Toilette. Das sind die Ballaststoffe. Der Körper nimmt sich die brauchbaren Nährstoffe aus dem Essen heraus, während es zur **Verdauung** durch euren Dünndarm wandert. Der Kram, den der Körper nicht gebrauchen kann, wird in den etwas breiteren Dickdarm weitertransportiert. Und schließlich werden die Reste aus dem Körper hinausbefördert. Euch ist sicher schon mal aufgefallen, dass Getreidekörner nicht verdaut werden und wieder heil herauskommen. Auch Kaninchen können Pflanzenfasern nicht so gut verwerten, obwohl es das Einzige ist, was sie fressen. Damit sie sich ausgewogen ernähren, müssen sie deshalb ein bisschen von ihren Kötteln naschen: „Kaninchenfutter" mal anders!

Kot besteht ungefähr zur Hälfte aus Bakterien. Milliarden dieser kleinen Lebewesen wohnen in dem Teil des **Dickdarms**, der **Grimmdarm** oder **Colon** genannt wird. Die Bakterien verputzen kleine Stückchen Essen, die dort übrig bleiben. Dadurch produzieren sie Gase. Darunter sind auch Stoffe namens **Indol** und **Skatol**. Diese beiden sind schuld an dem altbekannten Geruch, den Fliegen und Hunde so klasse finden. Die Gase, die die Bakterien erzeugen, verdichten sich und entweichen als Pupse. Furzen und Stuhlgang gehören oft zusammen. Wenn das unverdaute Essen durch den Dickdarm wandert, findet sich dieser zukünftige Haufen in Brocken zusammen. Zwischen den Kackeklumpen entstehen dabei Hohlräume, die sich mit Gas füllen können. Wenn es nicht schon vorher entströmt, kommt das Gas eben mit dem Kot raus. So könnt ihr euch selbst musikalisch begleiten, während ihr auf der Toilette sitzt.

Im Frankreich des späten 17. Jahrhunderts empfand man es als große Ehre, wenn man mit König Ludwig XIV. sprechen durfte, während er auf seinem „anderen" Thron saß.

Die herrlich braune Farbe des Kots wird durch einen Stoff in der **Galle** verursacht. Galle kann gelb, olivgrün oder bräunlich sein. Und diese Farbe entsteht, wenn alte rote Blutkörperchen sich in ihre Bestandteile auflösen. Im Darm befinden sich Bakterien, die die Gallenpigmente zersetzen, sodass ein braunes Einerlei dabei herauskommt. Ohne die Bakterien wäre unser großes Geschäft gelb, olivgrün oder braun, genau wie die verschiedenen Arten von Galle. Ein wahrlich bunter Haufen also!

Schleimiges, Matschiges und Triefendes

Euer **Dickdarm** ist ungefähr 130 cm lang. Er ist eure Kotfabrik, eine faltige, hufeisenförmige Röhre, die unterhalb der Taille sitzt. Auf der rechten Körperseite schließt er an euren **Dünndarm** an, verläuft quer hinüber nach links, windet sich nach unten und endet schließlich in der Mitte an eurem **Anus**, After oder Poloch. Den Aa-Lieferservice übernehmen zum Schluss euer Rektum und der Anus. Das **Rektum** (oder auch der Mastdarm) ist das letzte Stückchen Darm, er ist etwa 15 cm lang und führt bis zum Ausgang, dem Anus.

Schleimiges, Matschiges und Triefendes

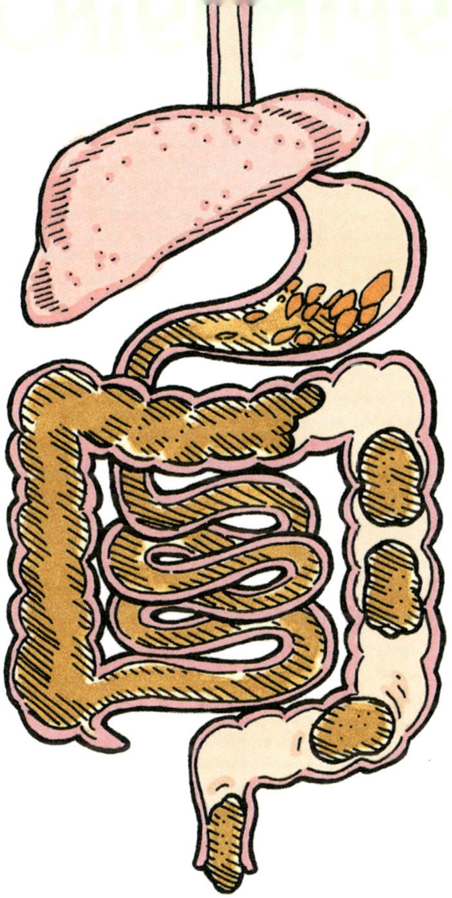

Stellt euch euren Darm am besten wie Schienen vor, auf denen die Kotklumpen als einzelne, lose Waggons fahren. Jeden Tag kommt ein neuer Waggon hinzu und schubst den vordersten von den Schienen. Manchmal hat der neue Waggon so viel Schwung drauf, dass er mehrere von den alten herunterstößt. Den Schwung bekommen sie durch Schubkraft, denn im Dickdarm befinden sich Muskeln, die die Fäkalien Stück für Stück weiterschieben. Diese **Muskelbewegung** nennt man die **Peristaltik**. Während der flüssige Kot durch den Darm gepresst wird, sickert Wasser durch die Darmwände hinaus. Die Masse wird immer fester und pappt zu Klumpen zusammen. Wenn der ganze Mist im Rektum ankommt, gibt euer Gehirn dem Anus den Bescheid, dass es jetzt so weit ist. Falls ihr zum Beispiel gerade mit dem Auto unterwegs seid, befiehlt das Gehirn dem Anus, geschlossen zu bleiben. Hättet ihr nicht gelernt, euch so zurückzunehmen, dann würdet ihr euch an Ort und Stelle erleichtern. Tatsächlich müsstet ihr immer noch Windeln tragen, wenn ihr diese Popokontrolle nicht draufhättet. Sind die richtige Zeit und der richtige Ort – vorzugsweise die Toilette – gekommen, kommt der **Sphincter anus externus** zum Einsatz. Das ist nichts weiter als euer **Schließmuskel**, den ihr betätigen müsst. In eurem Rektum ziehen sich die Muskeln zusammen und erhöhen so den Druck. Indem ihr die Bauchmuskeln anspannt, helft ihr nach. Der Anus öffnet sich, und das Zeug plumpst raus. Platsch! Aaah, so eine Erleichterung.

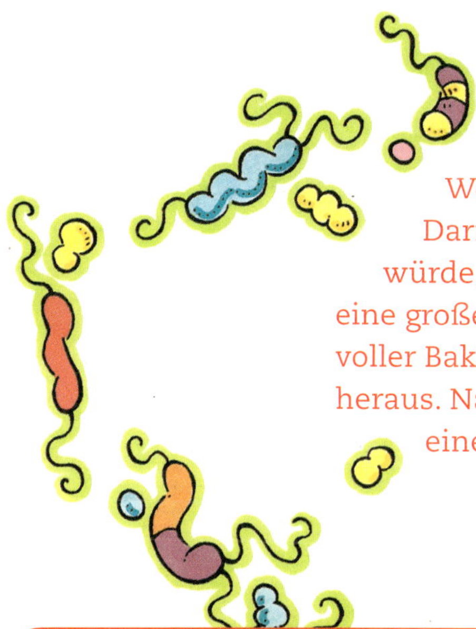

Wenn man den Darm auswringen würde, bekäme man eine große Kaffeetasse voller Bakterien dabei heraus. Na, wer mag einen Schluck?

Peristaltik –

Jetzt seid ihr am Drücker!

Was ihr braucht:
Eine hohle Gummiröhre (keinen Gartenschlauch!). Wenn ihr keine finden könnt, dann nehmt einen durchtrennten Fahrradschlauch oder einen länglichen Ballon, von dem ihr beide Enden abschneidet. Außerdem einen Trichter, Öl, und eine Murmel.

Was ihr tun müsst:
Schaut nach, ob die Gummiröhre groß genug ist, sodass die Murmel hineinpasst. Die Röhre ist euer Dickdarm. Haltet die Röhre über ein Waschbecken, und steckt den Trichter dann in die obere Öffnung. Gießt ein wenig Öl durch den Trichter in die Röhre. Das Öl ist jetzt der Schleim oder Mucus, der euren Dickdarm von innen schön glitschig macht. Jetzt legt ihr die Röhre in Hufeisenform auf eine ebene Fläche. Steckt die Murmel nun durch eine Öffnung in die Röhre. Die Murmel steht für einen Klumpen Kot, klar. Wenn ihr jetzt die Röhre hinter der Murmel zusammendrückt, seht ihr, wie die Murmel nach vorn flutscht. Macht mit dieser Peristaltik weiter, bis ihr an der letzten Röhrenbiegung anlangt. Nun wird es Zeit, den Schließmuskel zu betätigen. Drückt die Röhre hinter der Murmel zusammen, und presst die Kugel so durch das letzte Röhrenstück, dass sie aus der Öffnung schießt. Wofür die Öffnung steht, könnt ihr euch wahrscheinlich denken.

Die Kraft der Kacke

Die Bauern in China nutzen die Kraft der Kacke schon seit Langem. Sie laden den Mist ihrer Schweine und anderer Tiere in einem großen Behälter ab. Die Bakterien darin erledigen einfach weiter ihre Arbeit und erzeugen ein Gas namens Methan. Durch ein Rohr wird das Gas von der Jauchegrube ins Haus geleitet, sodass man damit kochen kann. Das muss man sich mal ausmalen: Die kochen Schweinefleisch süßsauer und benutzen dafür Energie aus Schweinemist.

Und läuft, und läuft, und läuft ...

Sprecht das Wort **„Diarrhö"** einmal laut aus. Hört sich doch eigentlich ganz lustig an, oder? Wie ein Kind aus einem Astrid Lindgren-Roman oder ein Regal aus einem bekannten schwedischen Einrichtungshaus. Wenn man weiß, was „Diarrhö" heißt, findet man sie aber meistens nicht mehr so lustig.

Das griechische Wort „diarrhein", was soviel wie „hindurchfließen" bedeutet, beschreibt schon sehr genau, was bei einer Diarrhö passiert. Im Kapitel zum Thema Kot habt ihr die Peristaltik kennengelernt. Bei einer Diarrhö dreht die Peristaltik komplett durch, und man muss viel öfter groß als sonst. Dann passt sich der Kot sozusagen an sein Behältnis, den Darmschlauch, an und wird richtig flüssig. Das Ganze „fällt" nur so durch euch „durch" – ihr habt **Durchfall**.

Wenn euer Verdauungsapparat, also der Dünndarm oder der Dickdarm, gereizt ist, dann bekommt ihr Durchfall. Der Darm denkt sich einfach: „Ach, mir geht's total mies. Ich ziehe meinen Kram jetzt extraschnell durch, dann hab ich's hinter mir." Die Darmmuskeln ziehen sich öfter zusammen und schieben den Matsch so schnell durch, dass kein Wasser herausgezogen werden kann. Und der verärgerte Darm macht die Sache noch schlimmer und weint die Flüssigkeit aus: „Mann, bin ich sauer – ich könnte heulen!" Heraus kommt jede Menge wässriger Dünnpfiff.

Warum hab ich schon am Morgen
nichts als Ärger, Kummer, Sorgen?
Ich hab den Durchfall-Blues!

Wieso muss ich dauernd rennen,
fluchen, flennen, kann nicht pennen?
Ich hab den Durchfall-Blues!

Weshalb kommt der größte Schmaus
doch sofort nur wieder raus?
Ich hab den Durchfall-Blues!

Doch mit Salzstangen und Cola
fühl ich mich bald wieder wohler!
Das war der Durchfall-Blues! Oh yeah!

Der Durchfall-Blues

Wenn mal wieder alles in die Hose geht, könnt ihr dabei dieses Lied singen. Davon geht der Durchfall zwar nicht weg, aber wenigstens habt ihr mehr Spaß beim Toilettenmarathon. Es macht gar nichts, wenn ihr die Melodie nicht kennt – denkt euch einfach selbst eine aus!

Schleimiges, Matschiges und Triefendes

Oft bekommt man Durchfall, wenn man eine **Darmgrippe** hat. Klitzekleine Viecher namens Viren fallen über die Därme her und hängen dann dort rum. Solange die Viren zu Besuch sind, plärrt, zuckt und spritzt der Darm, was das Zeug hält. Normalerweise ist man ein paar Tage lang krank und lernt in dieser Zeit sein Badezimmer meist genauer kennen, als es einem lieb ist. Es gibt mehr als hundert verschiedene Krankheiten, die Durchfall auslösen können. Außerdem kann man auch durch Stress, Nahrungsmittelallergien und -vergiftungen, durch manche Medikamente und sogar dadurch, dass man keine Milch verträgt, Diarrhö bekommen. Eigentlich erstaunlich, dass wir nicht die ganze Zeit wie wild zur Toilette rennen müssen, sondern nur ein, zwei Mal im Jahr.

Wenn „Montezumas Rache" zuschlägt oder „der Zorn des Pharaos" euch trifft, was passiert dann? Richtig, die Rede ist von **Reisedurchfall**. Je nach Gebiet liegt die Wahrscheinlichkeit, dass ihr euch im Urlaub stets in der Nähe einer Toilette aufhalten solltet, bei bis zu 50%! Es gibt Wissenschaftler, die um die ganze Welt gereist sind, um die Ursachen für Reisedurchfall zu untersuchen. Manche Forscher können eine Reisegruppe dazu überreden, ihnen eine Stuhlprobe zu hinterlassen, bevor sie losfahren, und ihnen von unterwegs ab und zu ein hübsches Kotpaket zu schicken. Wenn die Reisenden dann wieder zu Hause sind, machen sie noch einen letzten Haufen für den Forscher. Andere Wissenschaftler fahren gleich mit,

sodass sie an Ort und Stelle Kotproben sammeln und untersuchen können. Der große Preis bei all diesen Untersuchungen ist die Erkenntnis, dass Reisedurchfall dadurch verursacht wird, dass man verschiedene Arten von Bakterien, Viren und anderen Lebewesen verschluckt. Die Krankheit bekommen jedoch nur Touristen, während die Einheimischen verschont bleiben. Das liegt daran, dass man an die Minilebewesen in seinem Umfeld gewöhnt ist, und sie einem deshalb keinen Schaden zufügen können. *Soll das etwa heißen, dass ich am besten gar nicht erst verreisen, sondern zu Hause bleiben soll?*

Na ja, wenn ihr zu Hause bleibt, könnt ihr ziemlich sicher sein, dass euch die schreckliche Rache Montezumas niemals trifft. Aber wenn ihr aufpasst, was ihr esst, und nur Wasser aus der Flasche trinkt, könnt ihr relativ gefahrlos das Land verlassen und mehr von der Welt sehen.

Auch wenn ihr zu Hause bleibt, ist es trotzdem ziemlich wahrscheinlich, dass ihr innerhalb eines Jahres einmal Durchfall bekommt. Das beste Heilmittel dagegen ist immer noch die Zeit. Nach ein paar Tagen geht er normalerweise einfach wieder weg. Weil ihr bei der ganzen Rennerei sehr viel Wasser verliert, müsst ihr viele zucker- und salzhaltige Sachen trinken, um das auszugleichen. Sportlerdrinks sind am besten dafür geeignet. Es gibt aber auch Medikamente, die das Wasser im Darm aufsaugen oder die Peristaltik bremsen.

← ***Die Kayapó-Indianer vom Amazonas sind beim Essen so experimentierfreudig, dass sie in ihrer Sprache mehr als 100 verschiedene Wörter für Durchfall haben.***

Pinkelpause

Manche Indios in Südamerika trinken es zur Erfrischung: „Ah, das zischt!" Leute auf der ganzen Welt schlucken täglich eine Dosis, weil sie es für gesund halten: „Trink das, das wird dir guttun." Der eine oder andere Indianerstamm hat es als Mundwasser benutzt: „Gibt sympathischen Atem." Man hat es auch verwendet, um Leder für Kleidung und Schuhe zu gerben: „Guck mal, der reiche Pinkel hat schon wieder neue Stiefel." Und vor vielen Jahren war es auch ein Putzmittel: „Und der Fleck ist weg!"

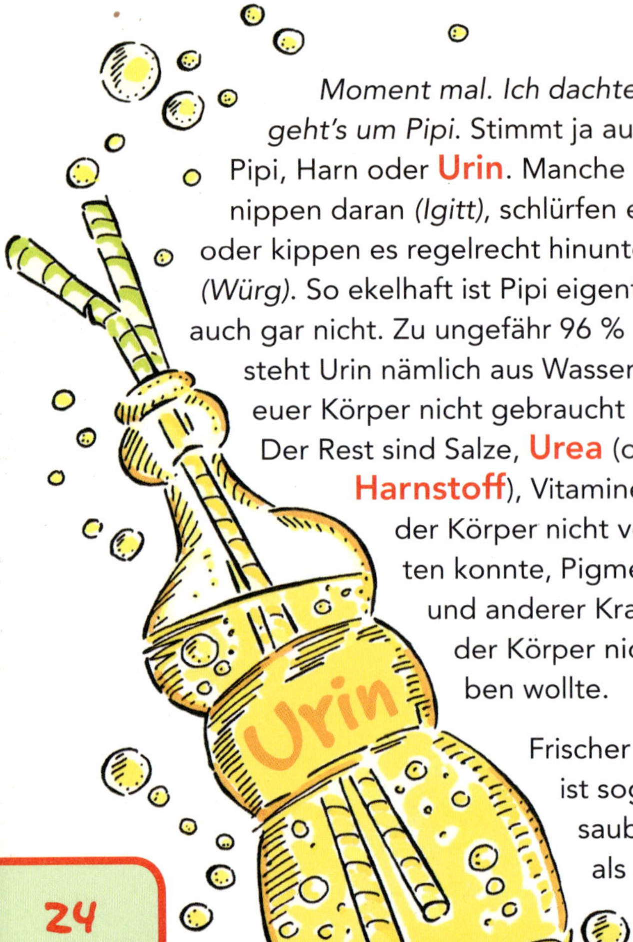

Moment mal. Ich dachte, hier geht's um Pipi. Stimmt ja auch: Pipi, Harn oder **Urin**. Manche Leute nippen daran *(Igitt)*, schlürfen es *(Bäh)* oder kippen es regelrecht hinunter *(Würg)*. So ekelhaft ist Pipi eigentlich auch gar nicht. Zu ungefähr 96 % besteht Urin nämlich aus Wasser, das euer Körper nicht gebraucht hat. Der Rest sind Salze, **Urea** (oder **Harnstoff**), Vitamine, die der Körper nicht verwerten konnte, Pigmente und anderer Kram, den der Körper nicht haben wollte.

Frischer Harn ist sogar sauberer als Kot, Spucke oder die Haut in eurem Gesicht, denn in gesundem Pipi leben keine Bakterien. Nur, wenn man es ein Weilchen in der Toilettenschüssel stehen lässt, dann entdecken es die Bakterien aus der Luft und ziehen dort ein. Der Harnstoff in abgestandenem Urin zersetzt sich und bildet **Ammoniak** und **Kohlendioxid** (also Kohlensäure wie im Sprudel). Das Ammoniak ist daran schuld, dass abgestandenes Pipi so streng riecht. Viele Leute benutzen Ammoniak als Putzmittel – das wird dann aber nicht aus Pipi hergestellt. Früher hat man allerdings sehr wohl Ammoniak aus altem Urin zum Putzen benutzt.

Zwar landet alles, ob groß oder klein, schließlich in der Toilette, aber die Systeme von Pipi und Kacke sind grundverschieden. Der Urin und der Kot in eurem Inneren vermischen sich nie, auch nicht in den Organen, die für die Ausscheidung zuständig sind. Harn entsteht in den **Nieren**.

Dann wird er auf direktem Wege in die **Blase** geleitet und wandert durch die **Urethra**, das ist die **Harnröhre**, die von der Blase nach außen führt, hinaus.
Einen bis anderthalb Liter Urin produziert jeder Mensch am Tag, das sind sechs bis zehn Tassen. Die Menge schwankt, je nachdem, wie heiß es zum Beispiel ist, was man isst, und wie viel man trinkt. Wie viel ihr pro Tag so pinkelt, findet ihr heraus, indem ihr es einfach macht (siehe Seite 26). Man muss mehrmals am Tag Pipi, weil die Blase einfach zu klein ist, um mehr als drei Tassen bequem in sich aufzunehmen. Die leere Blase sieht aus wie ein schrumpeliger Ballon oder eine Backpflaume mit circa 9 cm Durchmesser. Von den Nieren tropft Harn in die Blase. Je voller sie wird, desto mehr dehnt sie sich aus, genau wie ein Wasserballon. Und wenn der Pipiballon sich so ausdehnt, dann benachrichtigen kleine Nachrichtenzentren in der Blase euer Gehirn: „Weißt du was? Du solltest mal Pipi machen gehen." Daraufhin lockert die Blase einen ringförmigen Muskel um das Loch, das sie unten hat. Zum Glück gibt es aber noch solch einen Ringmuskel, den **äußeren Schließmuskel**, direkt darunter, und der wird nicht durch die Blase, sondern durch das Gehirn gesteuert. Und weil das Gehirn das letzte Wort hat, wann genau ihr pinkelt, antwortet es der Blase: „Hey, lass mich in Ruhe. Ich hab zu tun." Das kann zwar ein Weilchen so weitergehen, aber irgendwann ist die Blase wirklich randvoll. „Hallo Gehirn, ich halte es nicht mehr aus. Ich muss JETZT!" Dann solltet ihr handeln, und zwar flott. Seinen Blasenmuskel zu beherrschen, muss man lernen. Deshalb üben kleine Kinder ja auch, aufs Töpfchen zu gehen.

Frauen!

Sicher ist euch auch schon mal die lange Schlange vor der Damentoilette aufgefallen, während vor dem Männerklo niemand stand. Eine Gruppe Studenten hat erforscht, warum das so ist. Sie fanden heraus, dass Männer im Durchschnitt in nur 45 Sekunden fertig sind, Frauen aber ungefähr 79 Sekunden brauchen. Durch die zusätzlichen Sekunden kommt eine lange Wartezeit zusammen. Vielleicht gehen Frauen deswegen so oft zu zweit zur Toilette!

Pipimeter

Was ihr braucht:

Einen leeren Behälter, z.B. ein leeres Marmeladen- oder Jogurtglas, einen Folienstift, eine Tasse, in die 100ml Flüssigkeit hineinpasst, Wasser, einen Bleistift, Papier, euch selbst, Seife, ein Handtuch, ein bisschen Ruhe.

Was ihr tun müsst:

Füllt die Tasse mit Wasser, und schüttet es in den Behälter. Mit dem Folienstift macht ihr da einen Strich, bis wohin das Wasser reicht. Macht immer so weiter, bis der Behälter voll ist, und kippt das Wasser dann aus. Lasst den Behälter am besten gleich im Badezimmer stehen. Am Morgen darauf fangt ihr an. Pinkelt in den Behälter, und schreibt auf, wie viel es gewesen ist, außerdem, welcher Tag und wie spät es ist. Schüttet den Urin weg, und spült den Behälter ordentlich aus. Denkt immer daran, dass in frischem Pipi zwar keine Bakterien sind, aber dass sie sich in altem Urin sammeln. Wascht euch gründlich die Hände. Messt den ganzen Tag lang, wie viel Pipi ihr macht, und schreibt die Zahlen auf. Rechnet sie am Tagesende zusammen. Trinkt am nächsten Tag so viel Wasser, wie ihr könnt, und messt wieder nach, wie viel diesmal herauskommt.

Wenn ihr mehr trinkt, produziert euer Körper dann auch mehr Urin?

Wenn ihr ganz viel rote Beete esst, wird euer Pipi tatsächlich rot.

In seinem Leben scheidet ein Mensch durchschnittlich 34.830 Liter Urin aus. Das sind fast 300 Badewannen voll!

Bei manchen Leuten riecht der Urin ganz anders als sonst, wenn sie Spargel gegessen haben.

Im 17. Jahrhundert gab es in England viele Ärzte, die ihren gutgläubigen Patienten weismachten, sie könnten aus Pipi Gold machen.

Schleimiges, Matschiges und Triefendes

Schlabber-sabber

Wenn es irgendwo nur ein bisschen nach Essig riecht, wird euch mit Sicherheit der **Mund wässrig**. Dabei ist Essig wahrscheinlich nicht gerade eure Leib- und Magenspeise. Aber so ist das halt: Sogar wenn man nur ans Essen denkt, heißt es für den Mund schon: „Wasser marsch!“ Allerdings funktioniert es mit manchen Speisen noch besser als mit anderen. Vielleicht kennt ihr ja jemanden, der andauernd sagt: „Ich kann machen, was ich will, und du hast mir gar nichts zu befehlen.“ Nehmt euch denjenigen mal vor, und erklärt ihm, dass ihr es schafft, ihm das Wasser im Mund zusammenlaufen zu lassen, ob er will oder nicht. Dann beschreibt ihr ihm die köstlichsten Sachen, die euch einfallen, wie zum Beispiel Schokoladenkekse, die frisch aus dem Ofen kommen, eiskalte Limonade oder eine leckere Pizza. Falls derjenige, der „macht, was er will“, behauptet, dass es nicht funktioniert, dann lügt er. Es funktioniert, und er kann nichts dagegen tun. Passt aber auf, dass er nicht wütend wird und euch das, was er angeblich gar nicht im Mund hat, ins Gesicht spuckt. Igitt! Lauft lieber schnell weg.

Was da in eurem Mund entsteht, ist nicht bloß Wasser. Deshalb sagt man dazu Spucke, oder besser **Speichel**. In Ordnung, das meiste davon ist doch Wasser – nämlich 99,5 %. Das bisschen, das kein Wasser ist, besteht aus ein paar anderen Körpersäften. Speichel enthält Stoffe, die Bakterien vernichten, außerdem Salze, Gase, Schleim, Enzyme und Urin. *Urin? Ich habe doch kein Pipi im Mund?* Und ob, jeder hat eine Strullerschnute. Ein kleines Harnrinnsal gelangt von den Speicheldrüsen, wo der Körper Spucke produziert, in den Mund.

Eure Spuckefabrik verteilt sich auf eine Menge **Drüsen**. Viele winzig kleine Exemplare befinden sich auf den Wangeninnenseiten und sondern kleine Mengen Speichel ab. Außerdem

verstecken sie sich paarweise vor den Ohren, unter der Zunge und am Unterkiefer.
Die Spucke wandert durch Kanäle von den Drüsen in euren Mund.
Stellt euch eine Flasche Mineralwasser vor – so viel Speichel erzeugt ihr am Tag, ungefähr einen Liter.

Kirschkerne spucken macht beinahe genauso viel Spaß, wie die Kirschen aufzuessen. Es werden sogar richtige Wettbewerbe im Kirschkernweitspucken abgehalten. Der Deutsche Oliver Kuck hält den Weltrekord: 21 Meter und 71 Zentimeter. Versucht doch mal, diesen Rekord zu brechen, wenn ihr das nächste Mal Kirschen esst.

Schleimiges, Matschiges und Triefendes

Der Stamm der Massai aus Tansania in Afrika betrachtete früher Spucken als freundliche Geste. Sie spuckten auf Neugeborene, weil das bei ihnen Glück bringen soll, und Geschäfte galten nur dann als besiegelt, wenn die Händler einander anspuckten.

Spuckomatik

Was ihr braucht:
Euch selbst, Zitronensaft oder Essig.

Was ihr tun müsst:
Wenn ihr irgendwie an eine Flasche voll Essig oder ein Glas Zitronensaft gelangt, dann nehmt doch mal eine Nase voll. Ihr sollt die Flüssigkeit nicht trinken, sondern nur daran riechen. Was passiert jetzt? Läuft euch das Wasser im Mund zusammen?

Speicheltest

Was ihr braucht:
Euch selbst, zwei Kräcker, Jodtinktur (die kann man in der Apotheke oder in der Drogerie kaufen), zwei Glasschalen, tiefe Teller oder Tassen.

Was ihr tun müsst:
Zerkrümelt einen Kräcker über einer Schale. Dann träufelt ein bisschen Jod darüber. Wenn es sich schwarz oder blau verfärbt, enthält der Kräcker Stärke. Welche Farbe hat jetzt euer Jod? Den anderen Kräcker steckt ihr in den Mund. Esst auf keinen Fall den Kräcker mit dem Jod! Erstens ist es giftig, zweitens schmeckt es scheußlich, und drittens ruiniert ihr das ganze Experiment. Kaut den Kräcker zu einem feinen Brei. Nicht schlucken! Spuckt den zerkauten Kräcker in die saubere Schale. Tropft nun ein wenig Jod darauf.
Welche Farbe hat es?

Die Magie des Speichels: Verwandelt Stärke in Zucker

Was ihr braucht:
Euch selbst, einen Kräcker, der mit Backpulver gebacken wurde (am besten funktioniert es mit den salzfreien), und ein bisschen Zeit.

Was ihr machen müsst:
Legt euch eine mundgerechte Portion Kräcker auf die Zunge, und macht den Mund zu – aber nicht kauen! Lasst den Kräcker ein paar Minuten dort liegen, damit der Speichel seine Arbeit tun kann. Aber denkt daran: Nicht kauen! Wenn ein paar Minuten um sind, dürft ihr den Kräcker ein bisschen im Mund hin und her schieben und dann runterschlucken. Wie hat er geschmeckt?

Kamele und Lamas spucken tatsächlich, wenn sie wütend sind. Achtung, sie zielen ganz gemein auf die Augen!

Und jetzt stellt euch mal 190 von diesen Flaschen vor. So viel Spucke kommt pro Tag bei einer Kuh zusammen, die Heu frisst! Speichel ist schon ein tolles Zeug. Er macht das Essen nass, damit man es gut schlucken kann. Er murkst Bakterien ab, die sonst Löcher in die Zähne machen würden. Außerdem ist er ein natürliches Mundwasser. Und er kann Stärke in Zucker verwandeln. Das ist echt ein super Trick: Die **Enzyme** in der Spucke zerlegen die langen Stärketeilchen, die man auch **Stärkemoleküle** nennt, und wandeln sie in kurze **Zuckermoleküle** um. Wer genug Speichel hat, der hat ein süßes Leben.

Schleimiges, Matschiges und Triefendes

Rotz-frech!

Ein Bestandteil eurer täglichen Ernährung, über den ihr sicher nie nachdenkt, ist **Rotz**. *Rotz?* Richtig, man schluckt am Tag fast einen Liter davon. Denkt mal drüber nach: Ihr „trinkt“ mehr Schnodder als Milch. Na gut, man gießt sich nicht gerade ein Glas **Nasenschleim** ein und sagt: „Oh, ich brauche meine tägliche Portion Rotz.“ Vielmehr wandert der Schleim von der Nase nach hinten in den Hals, und beim Schlucken landet er dann im Magen.

Rotz ist eine glitschige Flüssigkeit, in der sich außer Nasenschleim (oder **Mucus**) noch ein besonderer Stoff findet, der Bakterien abtötet. Das Ganze ist dickflüssig, durchsichtig und farblos. *Farblos? Gelblich-grün trifft es wohl besser!* Wenn man sich die Nase putzt, ist das, was herauskommt, nicht mehr klar, weil der Schleim sich mit Dreck aus der Luft vermischt hat. Und wenn man erkältet ist, dann tragen die ganzen Bakterien und ihre Hinterlassenschaften zum leuchtenden Gelbgrün bei.

Der Nasenschleim ist dazu da, um Schmutz von eurer **Lunge** fernzuhalten. Er ist so wichtig, dass die Nase alle zwanzig Minuten einen neuen Schwung fabriziert. Damit das alte Zeug euch nicht einfach aus den Nasenlöchern tropft, ist die Nase voller Haare. Die kennt ihr ja schon, wenn ihr das Kapitel über Popel gelesen habt. Ein Teil dieser Haare ist dick und rau. Er fängt, zusammen mit dem Nasenschleim, den gröberen Dreck aus der Luft und macht daraus Popel.

Die anderen, feineren Haare heißen **Flimmerhärchen** oder **Zilien** und gucken aus der Schleimschicht heraus. Millionen dieser Flimmerhärchen befördern den Schleim in den hinteren Teil der Nase. Jedes Haar zittert zehn Mal pro Sekunde, und

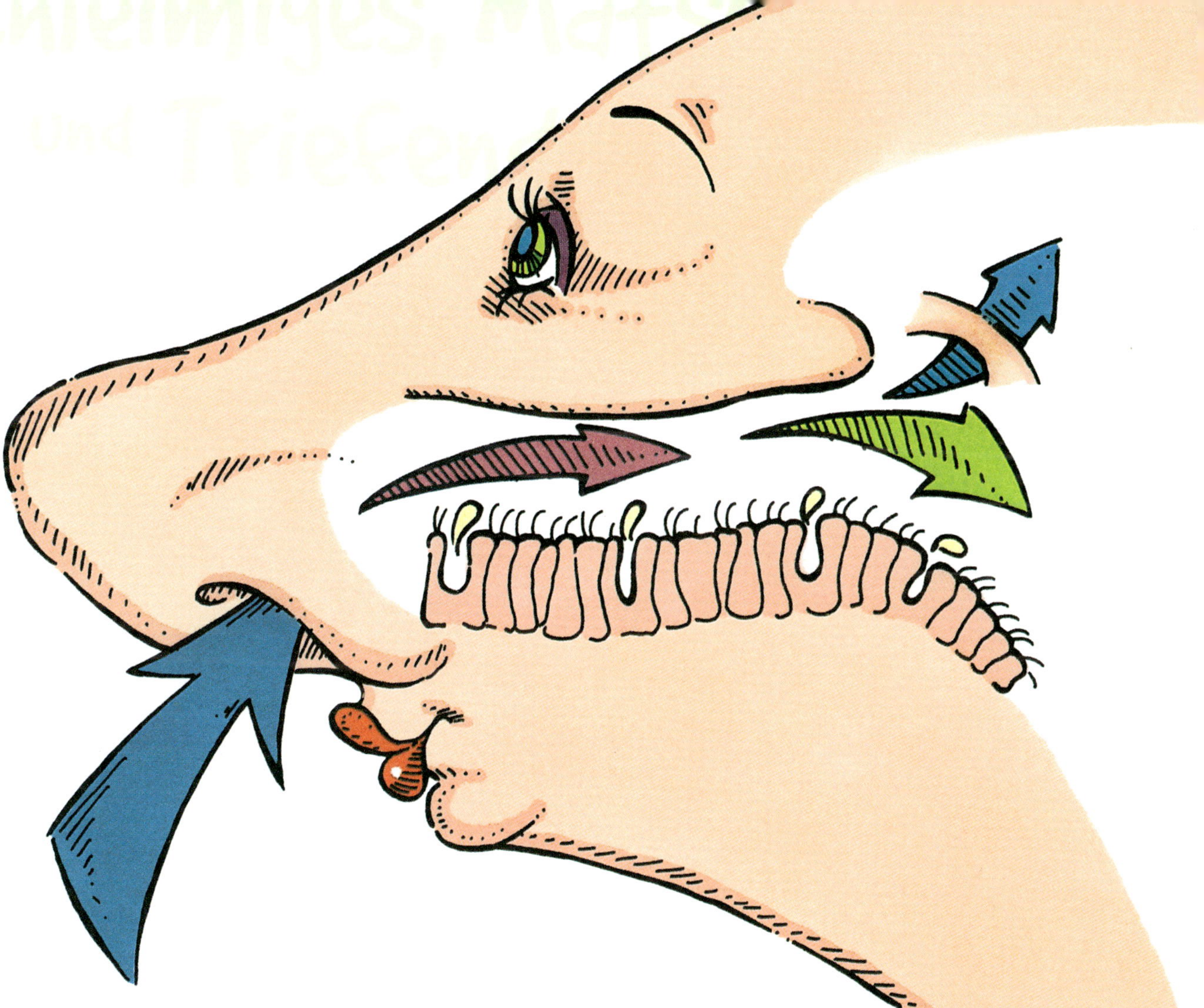

gemeinsam bewegen die Zilien den Schleim in einer Minute etwa 6 bis 7 Millimeter weiter. Der Wanderrotz nimmt unterwegs einiges an Miniaturdreck mit. Die Nasenputzkolonne kann sogar Schmutzpartikel aus der Luft filtern, die so klein wie rote Blutkörperchen sind. Den dreckigen Rotz schmeißen die **Nasenputzer** einfach in den Müllschlucker, den ihr als euren Hals bezeichnet. (Wenn ihr also einen „dicken Gelben" ausspuckt, ist das eine Mischung aus dem Schmuddelschnodder aus eurer Nase und Rotzmüll aus eurem Rachen. Sehr appetitlich!) Den verdreckten Schleim schluckt ihr schließlich hinunter. Der Magen spielt dann Müllverbrennungsanlage und zerstört die Keime und den ganzen anderen fiesen Kram, den ihr so einatmet. Eure Nasenputzkolonne erledigt ihren Job so gut, dass die Nase sogar einer der saubersten Körperbereiche ist.

Vor ganz langer Zeit haben die Leute tatsächlich gedacht, dass die laufende Nase bei einem Schnupfen daher käme, dass einem das Gehirn aus den Nasenlöchern tropft.

Wie schwer die Flimmerhärchen daran arbeiten, den Rotz weiterzuleiten, merkt man erst, wenn sie eine Pause machen. Wenn man von einer warmen Umgebung ins Kalte kommt, werden die Zilien langsamer oder frieren gar ein. Dann läuft euch der Schnodder aus der Nase wie aus einem Wasserhahn. Oder wenn die Lufträume in eurem Schädel, die **Nasennebenhöhlen** (Sinus heißen die auf Latein), zugeschwollen sind, bleibt der Schleim einfach stehen, sammelt Dreck und wird dick und klumpig. Die Flimmerhärchen stellen die Arbeit ein, der neue Nasenschleim wird nicht weitertransportiert, und die Nase verstopft oder fängt an, zu tropfen. Und weil euer Luftreinigungssystem nicht mehr funktioniert, bleibt der Rotz hängen und wird immer schmutziger, sodass sich darin Bakterien vermehren. Heraus kommt ein richtig fetter, klumpiger, leuchtend gelbgrüner Schnodder. Es gibt auch Leute, denen die ganze Zeit die Nase läuft, weil sie auf irgendwas **allergisch** sind. Da schickt der Körper dann schon bei ganz normalen Sachen, die man einatmet (z.B. Staub, Pollen oder Tierhaare) einen Stoff los, der in der Nase Bescheid sagt, sie soll mehr Schleim produzieren und die Nasennebenhöhlen zuschwellen lassen. Die Nase tut, was ihr gesagt wird, und deshalb läuft bei Allergikern auch jede Menge klarer Schleim aus der Nase, und sie müssen andauernd schniefen.

Bei manchen Inuitstämmen ist es üblich, dass die Mütter ihren Babys den Rotz aus der Nase lutschen und dann ausspucken.

Oh, wie schmalzig!

Es gibt zwei verschiedene Arten Ohrenschmalz – die feuchte und die trockene. Welche Sorte man hat, ist erblich bedingt. Bei den meisten Europäern, Nordamerikanern, Afrikanern und Lateinamerikanern ist das feuchte Schmalz normal. Es ist ölig, klebrig und gelbbräunlich. Die Mehrzahl der Asiaten und der Ureinwohner Nordamerikas hat dagegen trockenes Ohrenschmalz. Das ist dann klebrig, bröselig und grau.

Auf keinen Fall dürft ihr euch etwas in die **Ohren** stecken, das kleiner als euer Ellenbogen ist. *Aber seinen Ellenbogen kann man sich doch gar nicht ins Ohr stecken!* Genau. Man sollte sich nämlich überhaupt nichts ins Ohr stopfen. Verboten sind: Wattestäbchen, Haarklammern, Zahnbürsten, Bleistifte, Erbsen, Fahrräder, Fernseher und Karotten. *Aber wenn ich mir nichts in die Ohren stecken darf, wie kriege ich denn dann das ganze schmalzige Zeug aus ihnen raus?* Gar nicht. **Ohrenschmalz** trocknet von ganz allein aus, rollt sich zu Kügelchen zusammen, und die fallen dann raus, wenn wir gähnen, kauen oder schlucken. Es ist schon ein wenig eklig, wenn man sich mal vorstellt, dass man seine Schmalzkügelchen überall verteilt. Aber wenn ihr versucht, den Kram rauszuprokeln, schiebt ihr ihn bloß weiter in den **Gehörgang** und verklebt damit das **Trommelfell**. Auch nicht so toll. Das Trommelfell braucht ihr nämlich zum Hören, und die Schmalzmauer ist so dicht, dass man davon schwerhörig werden kann. Und was noch schlimmer ist, beim Saubermachen kann man das Trommelfell so verletzen, dass man für immer schlecht hört.

So ein Ohr besteht aus drei Teilen: **Außenohr**, **Mittelohr** und **Innenohr**. Den äußeren Teil könnt ihr euch angucken, entweder mit bloßem Auge oder mit einem speziellen Ohrenschmalzprüfer, für den ihr eine Taschenlampe und einen Plastiktrichter (s.u.) benutzt. Im Außenohr wird das **Ohrenschmalz** (oder **Zerumen**) hergestellt. Im Gehörgang sitzen ungefähr zweitausend **Schweißdrüsen**. Diese besondere Art Drüsen produzieren aber gar keinen Schweiß, sondern Schmalz. Das Ohrenschmalz überzieht den ganzen Gehörgang mit einer Schicht, die fieses Zeug, wie Dreck, Staub und Ungeziefer, das in euer Ohr krabbeln will, auffängt. In sehr großen Städten, in denen die Luft sehr schmutzig ist, wie zum Beispiel in Berlin, produzieren die Leute deshalb mehr Ohrenschmalz. Wenn einmal etwas im Ohrenschmalz hängen geblieben ist, ist es nicht mehr ganz so klebrig, formt sich zu Klümpchen und fällt raus. Guckt euch doch mal das Schmalz im Ohr von jemandem an, den ihr besonders gern habt.

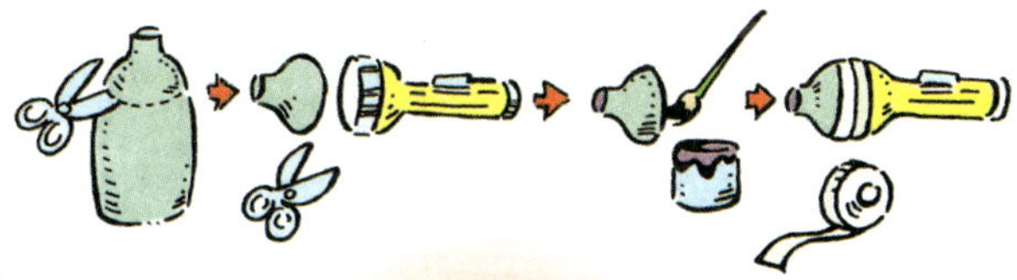

Der Schmalzdetektortest

Was ihr braucht:
Eine kleine Taschenlampe, eine Plastikflasche, eine Schere, dunkle Farbe und Pinsel oder einen Filzstift, Klebeband und einen Freiwilligen.

Was ihr tun müsst:
Öffnet die Flasche, und schneidet mit der Schere den oberen Teil ab. Das müsste dann wie ein Trichter aussehen. Schneidet die breitere Seite so zurecht, dass sie genau auf die Taschenlampe passt, und malt den Trichter von innen mit der Farbe oder dem Filzstift aus. Lasst die Farbe zuerst trocknen. Danach klebt ihr den Flaschentrichter an der Taschenlampe fest. Jetzt müsst ihr einen Freiwilligen finden. Damit ihr alles gut sehen könnt, muss der Freiwillige seine Ohrmuschel festhalten und nach hinten und oben zugleich ziehen, damit der Gehörgang schön gerade ist. Ihr könnt den Schmalzdetektor nun ans Ohr halten und die Taschenlampe einschalten. Begebt euch auf die Suche nach Ohrenschmalz. Ihr könnt währenddessen Sachen fragen, wie: „Na so was, seit wie vielen Jahren steckt dieser Legostein denn in deinem Ohr?“

Streuselkuchen

Welches ist wohl das größte Organ des menschlichen Körpers? Na? Was, das Herz? Der Magen? Der Darm? Falsch! Es ist die **Haut**. Besorgt euch doch mal eine Lupe, und guckt euch eure Haut an. Auf der Oberfläche seht ihr Haare und kleine Löcher (oder **Poren**). Oft wachsen die Härchen aus den Poren, aber manchmal müssen die Poren auch ohne einen Haarkameraden auskommen. Vielleicht seht ihr auch kleine Flocken. Das sind abgestorbene Hautzellen. Eure Haut schuppt sich nämlich jeden Tag ein bisschen, und nach achtundzwanzig Tagen habt ihr eine komplett neue Hautschicht.

↑ *Riesenkeime wohnen auf eurer Haut!*

Schleimiges, Matschiges und Triefendes

Auf der Haut ist aber auch noch jede Menge Zeug, das ihr mit der Lupe nicht sehen könnt. Aus den Poren kommen ein paar Blutzellen, etwas Eiter, Talg (also Fett) und Schweiß. Außerdem wohnen noch unzählige Lebewesen auf eurer Haut. Diese **Bakterien** rollen und tollen dort herum, hüpfen, schwimmen, essen und vermehren sich. Sie sind so winzig, dass ein Dutzend von ihnen gerade mal eine Pore bedeckt (wenn sie sich in einer Reihe aufstellen). An den Beinen bewohnen über 1 250 Bakterien einen Quadratzentimeter. Verglichen mit Nase, Wangen oder Kinn ist das aber noch gar nichts: Die beherbergen über 300 000 von den Dingern! Jetzt rennt aber nicht gleich ins Bad und schrubbt euch das Gesicht ab. Ganz egal, wie oft ihr euch wascht und wie fest ihr rubbelt, die Bakterien werdet ihr nie vollständig los. Und das macht auch gar nichts. Die Viecher tun euch nichts, die wollen nur spielen.

Der Talgtest

Was ihr braucht:
Euer Gesicht, einen Waschlappen, Seife, Wasser, medizinisches Desinfektionsmittel (z.B. zum Säubern von Wunden), einen Wattebausch, eine Uhr, ein kleines Papiertuch.

Was ihr tun müsst:
Wascht euch mit Seife und Waschlappen die Stirn. Tränkt den Wattebausch mit dem Desinfektionsmittel, und säubert sie anschließend. Wartet dann vier Stunden, und fasst eure Stirn währenddessen nicht an. Wenn die Zeit um ist, reibt ihr mit dem Papiertuch einmal fest darüber. Sieht man deutliche Ölspuren auf mehr als der Hälfte des Tuches? Dann habt ihr fettige Haut. Wenn nur ein bisschen Fett zu sehen ist, ist eure Haut normal. Und wenn das Papier gar nicht verschmiert ist, dann habt ihr trockene Haut.

Schleimiges, Matschiges und Triefendes

Moment mal! Da sind ja noch mehr Bakterien! Diese Miniviecher leben gleich unter der Hautoberfläche. Sie vergraben sich so, weil sie Sauerstoff nicht leiden können, und richten sich lieber unter der ewigen Fettschicht häuslich ein. Auf eurer Stirn ist jeder Quadratzentimeter unter dem Talg von mehr als einer Million Bakterien bewohnt. Damit wohnen mehr Bakterien auf einem Quadratzentimeter der Stirn als Menschen in ganz Bayern!

Aber genau wie die Lebewesen auf eurer Haut, tun euch auch diese Organismen überhaupt nichts.

Für sich allein genommen, stellen diese Hautbewohner kein Problem dar. Wenn sich aber die abgestorbenen Hautzellen, Poren, das **Hautfett** (oder **Sebum**) und die Bakterien zusammentun, dann kommen dabei todsicher Pickel heraus. Der medizinische Ausdruck hierfür ist **Akne**. Dazu gehören **Mitesser**, **Pickel** und **Hautzysten**. Zysten sind große Hautunreinheiten, die richtig wehtun können.

Beinahe jeder Mensch bekommt in seinem Leben einmal Akne. Das Gemeine dabei ist aber, dass meistens Jugendliche unter den Pickeln, Pusteln, Mitessern und Zysten zu leiden haben.

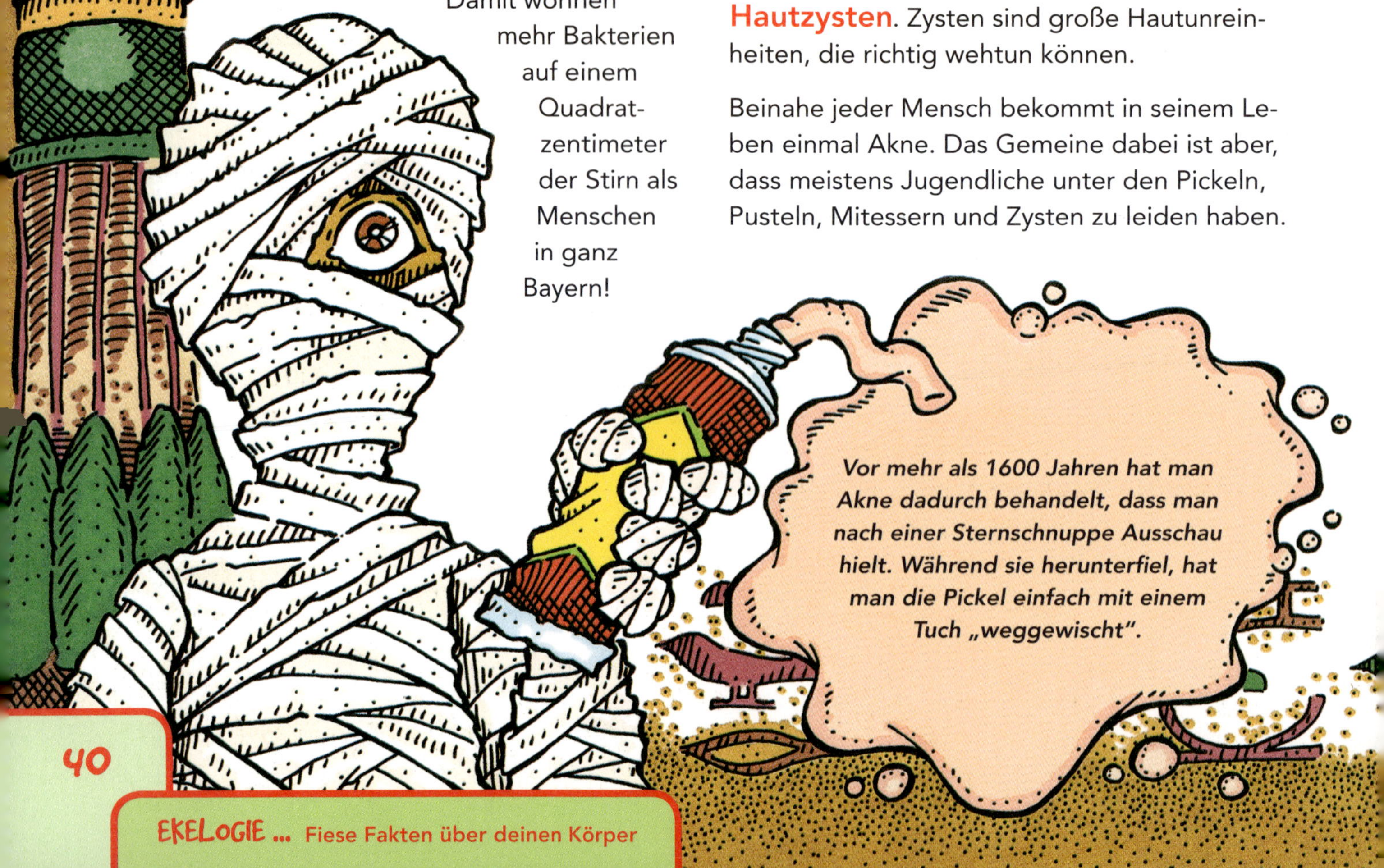

Tutanchamun war ein berühmter ägyptischer König, der schon als Teenager gestorben ist. Unter den Schätzen in seiner Grabkammer haben Forscher auch Fläschchen mit seiner Pickelcreme gefunden.

Der Körper eines Teenagers verändert sich schrecklich schnell, und deshalb spielen die Körpersäfte total verrückt und produzieren viel zu viel Sebum. Nach einiger Zeit beruhigen sich die Talgdrüsen aber und benehmen sich wieder anständig.

Alle Aknearten fangen auf genau die gleiche Weise an. Zuerst landen abgestorbene Hautzellen in einer Pore. Dort verklumpen sie sich dann mit Fett, Bakterien und Bakterienkacke zu einem **Comedo**. Das ist Latein und bedeutet „dicke Made", weil die Ärzte früher tatsächlich geglaubt haben, die Knubbel unter der Haut wären echte Maden!

Öffnet sich die Pore und es gelangt Luft an den Müll in ihr, dann verfärbt dieser sich dunkel – ein **Mitesser** entsteht. Wenn man ihn ausdrückt, kommt ein Pfropfen aus altem Fett und Hautpigment zum Vorschein. Irgendwann fällt dieser schwarze Stöpsel aber auch von allein heraus.

Wenn der Comedo jedoch nicht aufgeht, sammeln sich um ihn herum weiße Blutkörperchen und versuchen, ihn zu vertilgen. Dadurch bildet sich Eiter, der an die Oberfläche steigt.
Tadaah! Ein **Pickel** ist geboren! Wenn man daran herumdrückt, spritzt das fiese weiße Zeug in der Spitze raus. Das Weiße ist vor allem Eiter, und wenn sich davon sehr viel bildet, ergibt das eine **Zyste**.

Manche Leute haben fettigere Haut als andere. Die haben dann meistens schlimmere Akne. Viele versuchen jedoch, einem einzureden, man hätte Akne, weil man zu viel Schokolade oder Pommes isst. Aber das konnte von Wissenschaftlern bis jetzt nicht bewiesen werden. Bei manchen Menschen hilft es, wenn sie weniger Fett und Süßkram essen, bei anderen nicht.

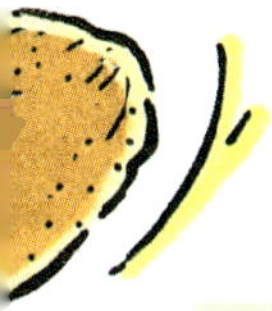

Blubb, pieks, peng!

Tja, sagt nicht, ihr hättet nicht gewusst, dass das Backblech gerade erst aus dem Ofen gekommen ist. Und trotzdem konntet ihr euch nicht beherrschen, nicht wahr? Ihr musstet euch einfach einen von diesen köstlichen, knusprigen Keksen schnappen, und – Aaaaauuuaa! – das habt ihr jetzt davon. Das Backblech war kochend heiß, und obwohl ihr die Finger mit einem Affenzahn zurückgezogen habt, habt ihr euch verbrannt. Schon Sekunden später geht euer Körper ans Werk und repariert die kaputte Hautstelle. Und nach ein paar Minuten seht ihr das Resultat: Eine **Blase** bildet sich.

Es gibt zwei Sorten von Blasen. Die kleinen Bläschen, die nicht einmal so groß wie ein Stecknadelkopf werden, sind die **Vesiculae**, was auf Latein so viel wie, na ja, eben **„Bläschen"** bedeutet. Wer von euch schon mal die Windpocken hatte, hat damals wahrscheinlich viele Vesiculae an seinem Körper ausmachen können. Außer von Windpocken, kann man diese Bläschen auch durch Insektenstiche, Sonnenbrand oder durch Medikamente bekommen. **Große Blasen** nennt man **Bullae**. Das heißt „Blasen" auf Latein. Sehr einfallsreich. Solche großen Bullae kriegt man, wenn man sich verbrannt hat, durch Reibung und wenn man Herpes hat: „Hast du Herpes, dann vererb es, hast du keins – nimm meins …" Aber egal, ob Vesiculae oder Bullae, Blasen sind sie alle. Eine Blase ist eine Blase ist eine Blase …

Schleimiges, Matschiges und Triefendes

Das Gemeine bei Blasen ist, dass ihr Anblick einen immer dazu verführt, sie aufzustechen. Sie sehen einfach genauso aus wie Wasserballons, sodass man sich kaum zurückhalten kann. Aber euer Körper macht die Blasen ja nicht zu eurer Unterhaltung, sondern zu eurem Schutz. Die Haut ist eigentlich genau wie eine Torte aus verschiedenen **Schichten** aufgebaut. Die obere Schicht, die man sehen kann, ist die **Epidermis**. „Epi" ist Griechisch für „darauf" oder „darüber", und „Derm" heißt „Haut". Die Epidermis besteht, genau genommen, aus abgestorbenen Hautschichten. Darunter liegt die **Lederhaut** (oder **Dermis**), die äußerst lebendig ist und aus Blutgefäßen, Schweißdrüsen, Haarwurzeln und neuen Hautzellen besteht.

Durch Reibung werden Hautzellen beschädigt. Das passiert zum Beispiel, wenn man neue Schuhe anhat. Oder zu viel Hitze oder ein Virus sorgen dafür, dass Flüssigkeit aus unserem Körper an die betroffene Stelle geschickt wird. Diese Flüssigkeit ist ein Gemisch aus einem Zeug namens **Plasma**, in dem die Blutkörperchen herumschwimmen, und dem Saft, in dem unsere Organe umherplanschen. Manchmal rutschen auch ein paar **rote Blutkörperchen** mit durch, sodass eine eklige Blutblase entsteht. Die Flüssigkeit sammelt sich zwischen Dermis und Epidermis, und die oberste Hautschicht bläht sich auf. Wenn ihr ganz vorsichtig auf die Blase drückt, könnt ihr die Körperflüssigkeit darin richtig fühlen.

Die Blase begleitet euch ein paar Tage lang, während der Körper die Haut repariert. Nach getaner Arbeit platzt sie von ganz allein oder

trocknet aus. Nur, wenn die Blase richtig wehtut, dürft ihr sie mit einer **desinfizierten** Nadel aufpieksen. Und nur dann! Ansonsten klebt doch einfach ein Pflaster drauf, dann werdet ihr gar nicht erst schwach.

Wenn sich eine Blase mit Bakterien infiziert, wird es richtig widerlich. Oft geht sie friedlich ihren Geschäften nach, ahnt nichts Böses, und dann kommt jemand und piekst sie heimtückisch auf. Hunderte Bakterien, die bis jetzt faul auf eurer Haut rumgehangen haben, ergreifen die Chance und flitzen hinein. Der arme kleine Ballon mit der klaren Flüssigkeit verwandelt sich ruckzuck in ein gelb-grünliches, eitriges Monster. **Eiter**, wie fies sich das schon anhört. Sagt es ein paar Mal laut vor euch hin: Eiter, Eiter, Eiter, Eiter. Schon, um das auszusprechen, müsst ihr die Nase rümpfen und den Mund verziehen, als ob ihr euch ekelt.

Eiter ist ein ziemlich abartiges Zeug. Er setzt sich aus sauberen, klaren Körperflüssigkeiten zusammen, in denen ein Schwung toter Bakterien herumschwimmt, die von den weißen Blutkörperchen im Kampf gegen die Entzündung abgemurkst worden sind. Dazu kommen noch ein paar von den weißen Blutkörperchen selbst, die den Heldentod gestorben sind. Wegen der ganzen toten Bakterien und Zellkörperchen darin stinkt der Eiter ziemlich. Eine eitrige Blase ist keine gute Blase. Vielleicht solltet ihr damit zum Arzt gehen.

Falsche Blase

Was ihr braucht:
Rote und gelbe Lebensmittelfarbe, Vaseline, eine Schale, einen Zahnstocher und ein weißes Papiertaschentuch.

Was ihr tun müsst:
Sucht euch an eurem Körper eine schöne Stelle für eine Blase aus. Stippt mit der Fingerspitze in die rote Farbe, und schmiert sie in einem Oval – ungefähr so groß wie ein mutiertes Zehncentstück – auf die Stelle, wo die Blase hin soll. Macht sie nicht zu groß, sonst sieht sie nachher nicht echt aus. Nehmt einen Finger voll Vaseline und streift ihn in der Schale ab. Gebt dann einen Tropfen Gelb dazu, und verrührt das Ganze mit dem Zahnstocher. Jetzt formt ihr mit der gelben Vaseline eine Blase auf dem roten Oval. Das Papiertuch trennt ihr so, dass ihr eine einzelne, dünne Lage übrig behaltet. Davon reißt ihr jetzt ein ovales Stückchen ab, das so groß ist wie der rote Punkt, und legt es auf den Blasenhügel. Streicht durchsichtige Vaseline darauf, bis man das Papier nicht mehr erkennen kann. Jetzt müsst ihr nur noch die Ränder saubermachen, dann könnt ihr losgehen und es jemandem zeigen. Fragt ihn: „Hast du zufällig eine Mistgabel dabei, damit ich diese fürchterliche Blase aufstechen kann?“

Schorfiges und Schuppiges

Schorfiges und Schuppiges

Es schneit!

Tag für Tag lösen sich ungefähr zehn Milliarden winzige Hautschüppchen vom Körper, schweben durch die Luft und landen dann auf dem Boden, auf Möbeln, auf dem Rasen im Vorgarten oder auf anderen Leuten. In seinem Leben könnte ein durchschnittlicher Mensch zwanzig Tüten Mehl mit seinen abgestorbenen Hautzellen füllen, man verliert nämlich so um die zwanzig Kilo. Damit kann man eine Menge Kuchen backen. Wenn ihr den Platz unter eurem Frisierspiegel abstaubt, könnt ihr abgestorbene **Hautschuppen** sehen. Ja, mehr als drei Viertel des normalen Hausstaubs bestehen daraus. Neue Zellen rücken für die alten, die ihr abwerft, nach. Eine frische Außenhautschicht überlebt achtundzwanzig Tage lang, bis sie dann abstirbt, austrocknet und herunterfällt.

Jedes Tier, das Haare, Federn oder eine Haut hat, hat auch Schuppen. Ganz genau, auch Wellensittiche, Kätzchen oder Walrosse. Na klar, Fische haben natürlich auch Schuppen, aber das ist eine andere Geschichte. Und auch mit dem Geräteschuppen im Garten haben die Schuppen, von denen wir hier sprechen, nichts zu tun.

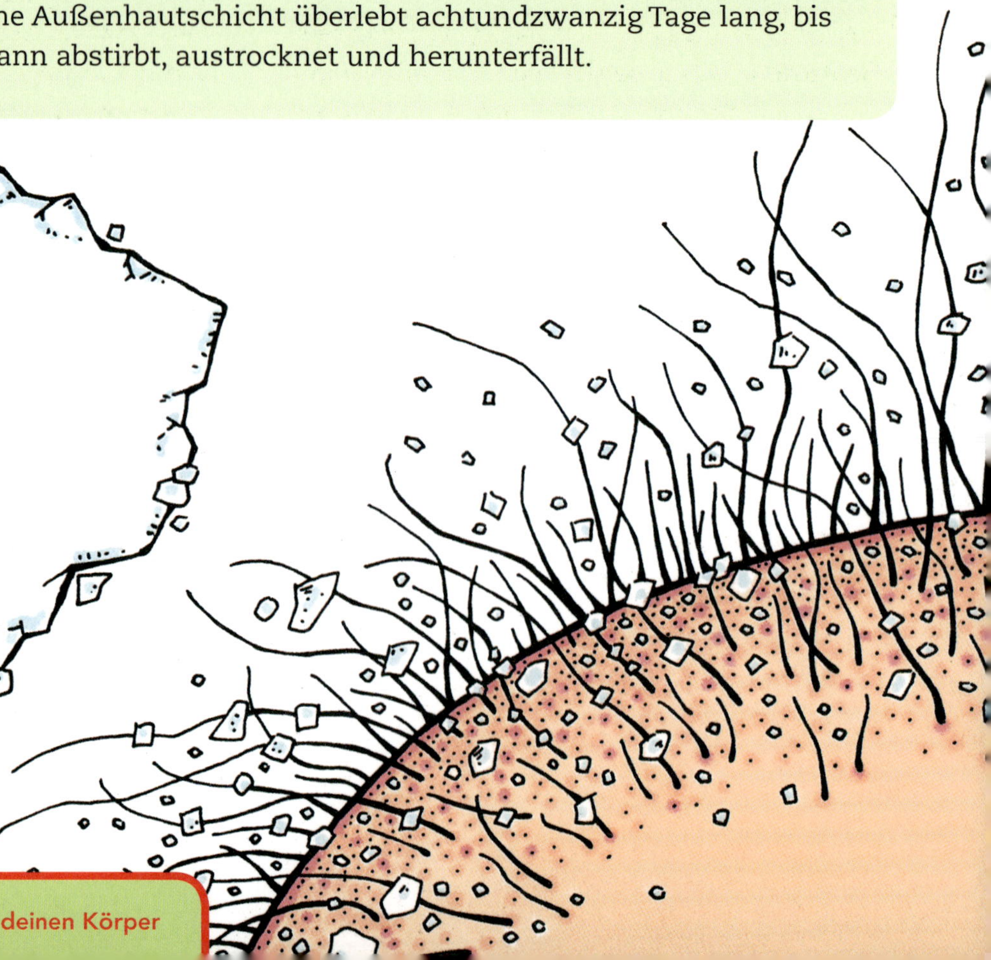

Normalerweise kümmern sich die meisten Leute nicht groß um diese Hautfitzelchen, die sie die ganze Zeit verlieren. Außer, wenn sie ihnen vom Kopf auf die Schultern rieseln. „Hilfe, **Schuppen**!“ Na klar, was denn sonst? Aber für manche sind diese kleinen Hautteilchen der wahre Horror: „Oh nein! Andere Leute können meine abgestorbenen Hautzellen sehen. Mein Leben ist ruiniert!“ Dann rennen sie zur Drogerie, kaufen Shampoos, Salben und Wässerchen, die sie sich auf die Kopfhaut schmieren, und untersuchen dann Millimeter für Millimeter ihres Kopfes danach, ob die fiesen Hautzellen noch zu sehen sind. Eigentlich sind Schuppen total normal. Ungefähr die Hälfte aller Menschen zwischen zehn und zwanzig Jahren haben sie. Bei den über Dreißigjährigen werden es langsam weniger. Die Kopfhaut produziert alle drei Tage einen ganzen Satz neuer Hautzellen. Und wie beim restlichen Körper müssen die toten Zellen dann irgendwohin, also fallen sie ab. Anders als die vom Körper, bleiben die Kopfschuppen aber in den Haaren hängen. Dann sammelt sich auch noch Talg aus den Drüsen am Kopf auf den Zellen, die hilflos in ihrem Haargefängnis festhängen. Jetzt sind sie so klebrig, dass zu allem Überfluss Staub und Schmutz daran festpappen. Und diese Mischung aus abgestorbenen Hautzellen, Fett, Schmutz und Staub ergibt, je nach Zusammensetzung, ölig-gelbe oder trockene, gräulich-weiße Flocken: **Kopfschuppen**. Meistens verschwinden sie beim Haarewaschen im Abfluss. Manchmal gerät allerdings die Flocken- oder die Fettfabrik ein bisschen außer Kontrolle, und dann kann man die Schuppen sehen.

Von Schuppen bekommt man keine Glatze.

Juckt die Kopfhaut und ist sie rot, kann es sich um eine Schuppenflechte handeln.

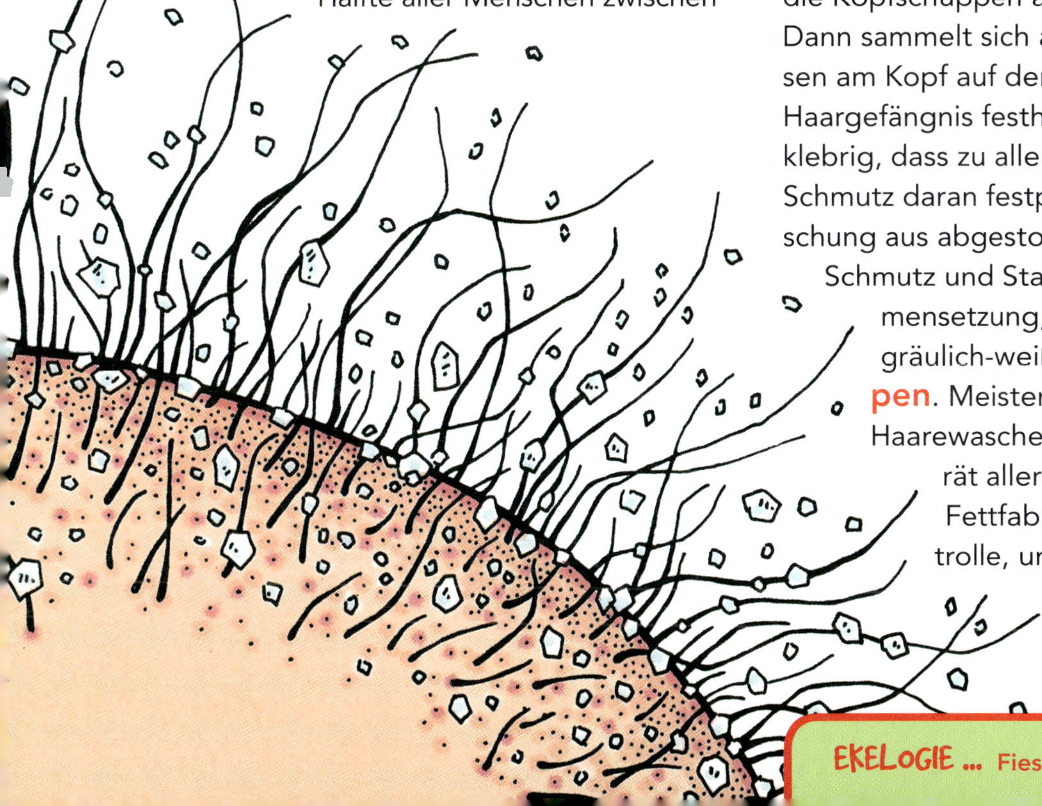

Schorfiges und Schuppiges

Bei Teenagern drehen die Talgdrüsen ab und zu durch. Deshalb kriegt man ab zwölf Jahren öfter mal Besuch von **Schuppen**, **Pickeln** und **Mitessern**. Vorher kommen diese wunderbaren Talgerzeugnisse zum Glück eher selten vor. Einige Jugendliche und Erwachsene bekommen auch Schuppen, weil die Haut sich wie verrückt erneuert. Keiner weiß, warum. Aber auf jeden Fall müsst ihr euch keine Sorgen machen, dass ihr euch an einer schuppigen Bürste anstecken könntet.

Neugeborene Babys haben manchmal auch eine Art Schuppen, die man **Milchschorf** nennt. *Aber Babys sind doch noch keine Teenager!* Das stimmt zwar, aber dennoch produzieren die Talgdrüsen am Kopf von einigen Babys zu viel von dem Zeug. Warum, weiß man mal wieder nicht. Babyschuppen sind gelblich-braun, schmalzig und krustig. „Ach, was für ein süßer kleiner Schorfkopf." Zum Glück geht der Milchschorf bald wieder vorbei. Den Babys ist er aber sowieso total schnuppe. Die wissen ja noch nicht mal, was Schuppen sind.

Ab und zu werden die Leute sogar wegen falscher Schuppen hysterisch. Wenn man zum Beispiel beim Haarewaschen das Shampoo nicht ordentlich ausspült, sammeln sich die Reste zu Klümpchen und

Es gibt kleine Viecher, die Hausstaubmilben heißen und in Teppichen, Betten und Sofas leben – also so ziemlich überall. Sie haben acht Beine und einen Panzer, und sie sind so klein, dass man sie ohne ein gutes Mikroskop nicht sehen kann. Die Dinger hängen so rum und mampfen dabei ganz in Ruhe eure toten Hautzellen. Lecker. In diesem Moment hält mehr als eine Million ein Festmahl mit den Zellen ab, die ihr letzte Nacht auf eurer Matratze verloren habt.

Angriff der Riesenmilbe! ↑

Flocken. Das sind keine Schuppen. Also spült euch das Haar immer gründlich aus. Und wenn man einen Sonnenbrand auf dem Kopf hatte, sieht das später auch aus wie Schuppen. Es sind aber keine. Die Haut pellt sich halt einfach. Also setzt gefälligst eine Mütze auf, wenn ihr in die Sonne geht.

Richtig üble Schuppen, die jucken und eine rote Farbe haben, sind vielleicht gar keine. Kann sein, dass da was mit eurer Haut nicht in Ordnung ist. Und dann geht es auch nicht mit Schuppenshampoo, Salbe oder durch Bürsten weg. Keine Angst, der Arzt findet schon heraus, was los ist.

Jetzt weiß ich zwar, was Schuppen sind, aber was mache ich, wenn ich welche bekomme? Okay, hier sind die **Grundregeln**:
Keine Panik. Wascht euch mehrmals pro Woche die Haare. Spült das Shampoo immer gründlich aus. Föhnt euch nicht zu heiß die Haare! Wenn es mit normalem Shampoo nicht besser wird, versucht es mal mit einem gegen Schuppen.
Entspannt euch. Lebt ganz normal weiter.
An Schuppen ist noch niemand gestorben.
Ihr werdet sie auch überleben.

Schorfiges und Schuppiges

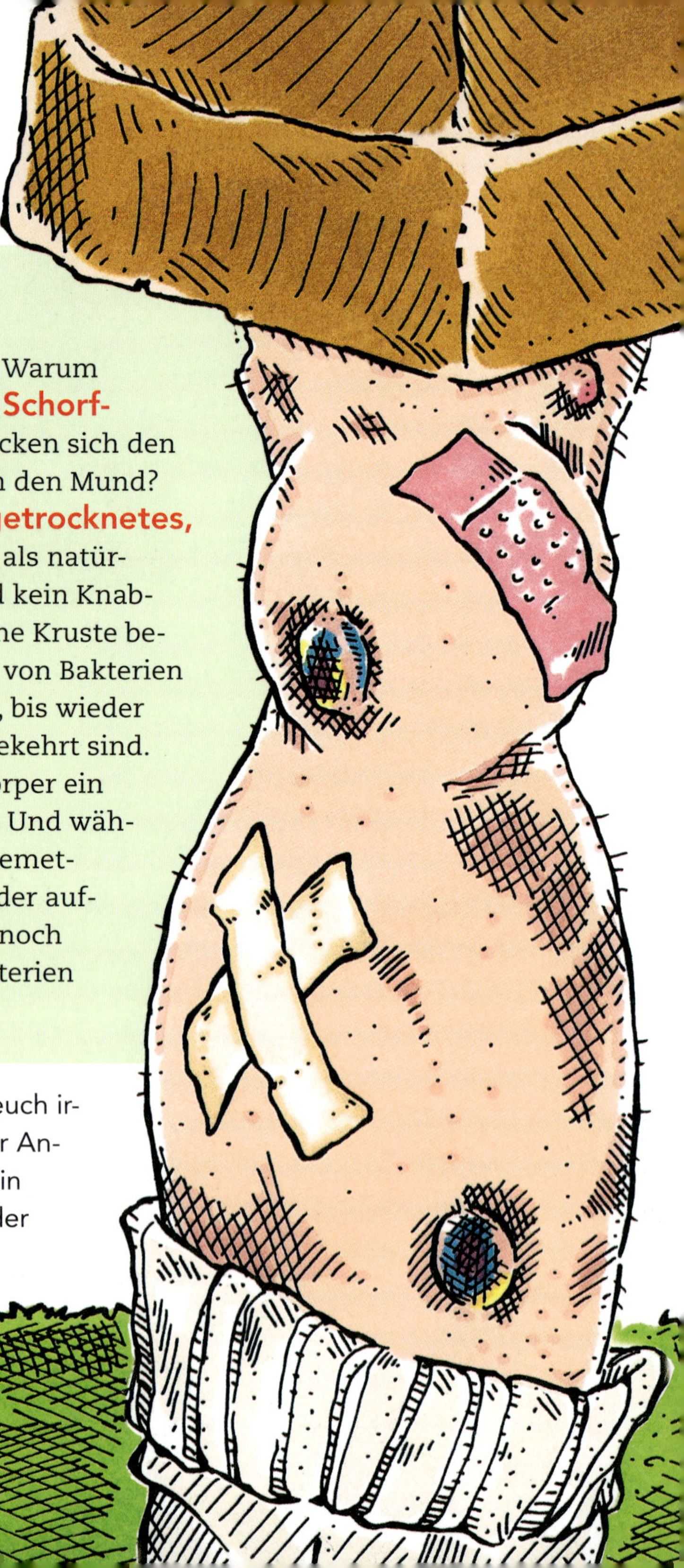

Knusper, knusper, Knäuschen!

Hier kommt eins der ewigen Rätsel der Menschheitsgeschichte: Warum knibbeln alle so gern an **Schorfkrusten** herum und stecken sich den Kram dann auch noch in den Mund? Krusten sind doch nur **getrocknetes, geronnenes Blut**, das als natürliches Pflaster dient, und kein Knabberkram oder so was. Eine Kruste beschützt die beschädigte, von Bakterien belagerte Haut unter ihr, bis wieder Ruhe und Ordnung eingekehrt sind. An der Wunde ist der Körper ein echtes Minischlachtfeld. Und während er die grausam abgemetzelte Haut mühsam wieder aufbaut, muss er sich auch noch gegen eindringende Bakterien schützen.

Euer Körper hat seine eigene Armee, und wenn ihr euch irgendwo schneidet, dann gilt das als ausgewachsener Angriff. Durch den Schnitt können feindliche Bakterien in den Körper einfallen. Die Bakterien fühlen sich von der

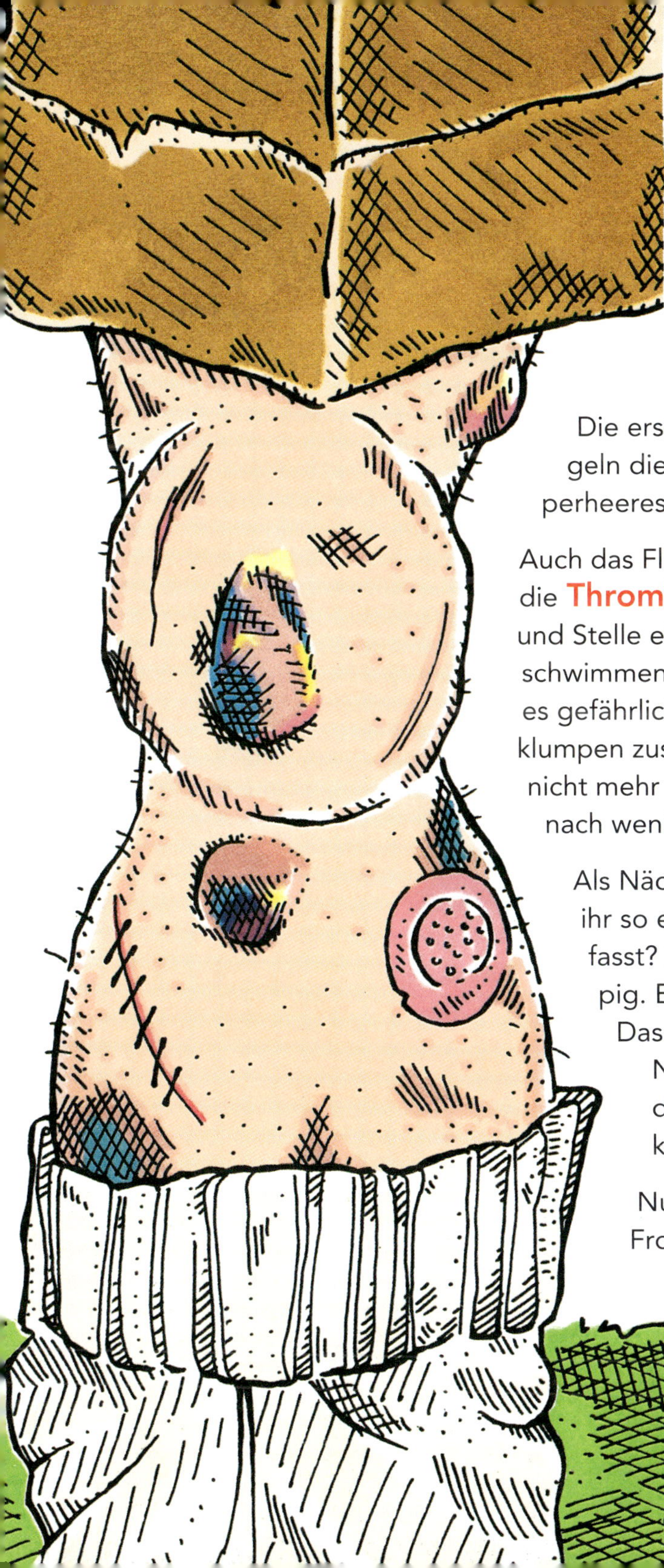

Schorfiges und Schuppiges

Stelle magisch angezogen, weil Blut eine ihrer Leibspeisen ist. Während sie so schmausen, verursachen sie allerdings **Entzündungen**. Und deshalb läuten in eurem Körper die Alarmglocken. Die ersten Botenstoffe des Körpers schwärmen aus, umzingeln die Eindringlinge und signalisieren dem Rest des Körperheeres, wo die Schlacht stattfindet.

Auch das Flickteam ist gleich zur Stelle. Kleine **Blutplättchen**, die **Thrombozyten**, treffen sofort nach dem Angriff an Ort und Stelle ein und riegeln das Schlachtfeld ab. Normalerweise schwimmen die Thrombozyten einfach im Blut umher, aber wenn es gefährlich wird, verändern sie sich. Sie werden ganz klebrig, klumpen zusammen und bilden so einen Stopfen, damit das Blut nicht mehr heraustropft. Darum hört ein kleiner Schnitt auch nach wenigen Minuten auf zu bluten.

Als Nächstes verwandelt sich das Blut in der Wunde. Habt ihr so einen Schnitt schon mal nach ein paar Minuten angefasst? Das Blut wird zu einer Art Gelee, ganz dick und pappig. Es ist jetzt ein **Blutgerinnsel**, also geronnenes Blut. Das Gerinnsel formt Fäden, die ein zickzackförmiges Netz über der Wunde bilden. Wenn die Oberfläche des Blutgerinnsels dann trocknet, ergibt das eine köstliche **Kruste**.

Nun aber zurück zu unserer Schlacht: Die vorderste Front der Verteidigung übernehmen Zellen namens

Schorfiges und Schuppiges

Schorfiges und Schuppiges

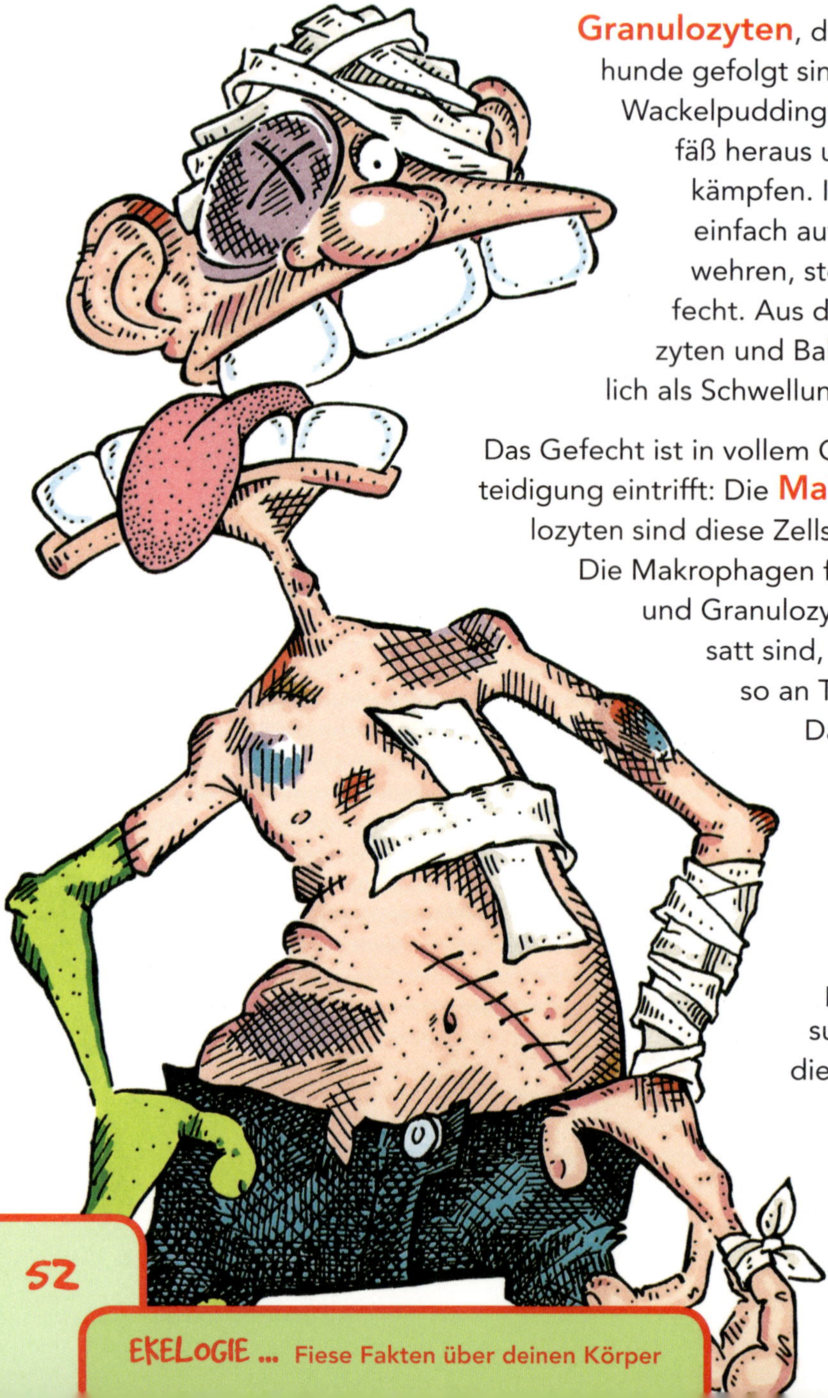

Granulozyten, die der Fährte der Botenstoffe wie Spürhunde gefolgt sind. Granulozyten wabbeln umher wie dicke Wackelpuddingklumpen, quetschen sich aus ihrem Blutgefäß heraus und fangen an der verletzten Stelle an zu kämpfen. Ihre Kampftaktik ist es, die Eindringlinge einfach aufzuessen. Weil sich die Bakterien natürlich wehren, sterben allerdings viele Granulozyten im Gefecht. Aus den Haufen toter und lebendiger Granulozyten und Bakterien entsteht Eiter, den ihr wahrscheinlich als Schwellung erkennen könnt.

Das Gefecht ist in vollem Gang, wenn die nächste Gruppe zur Verteidigung eintrifft: Die **Makrophagen**. Im Vergleich zu den Granulozyten sind diese Zellsoldaten riesig – genau wie ihr Appetit. Die Makrophagen futtern die ganzen erledigten Bakterien und Granulozyten auf. Weil sie danach immer noch nicht satt sind, verspachteln sie außerdem noch alles, was so an Trümmern auf dem Schlachtfeld herumliegt. Davon geht die Schwellung wieder weg. Die Granulozyten und Makrophagen heißen übrigens auch **Fresszellen**. Sehr passend.

Obwohl der Kampf jetzt weitgehend vorbei ist, schickt der Körper noch eine Truppe los – die **Lymphozyten**. Diese Kerle suchen im Hintergrund nach allen Bakterien, die entkommen konnten, und machen sie kalt. Man nennt die Lymphozyten auch **Killerzellen**. Der Name passt ziemlich gut, oder?

Während der gesamten Schlacht wird die Haut repariert. Unter der Kruste hat sich schon eine dünne Hautoberfläche gebildet. Dorthin kommt jetzt eine besondere Zellengruppe, die anfängt, alles wieder aufzubauen. Diese Zellen stellen ein robustes Material namens **Fibrin** her, mit dem die Lücke verschlossen wird. Wenn sie damit fertig sind, fällt die Kruste ab. Guten Appetit!

Falsche Wunde

Was ihr braucht:
Euch selbst, Vaseline, rote Lebensmittelfarbe, einen Zahnstocher, eine Schale, ein weißes Papiertaschentuch, Kakaopulver.

Was ihr tun müsst:
Gebt ein wenig Vaseline in die Schale, dazu vier Tropfen roter Farbe und eine Prise Kakao. Verrührt alles schön mit dem Zahnstocher. Jetzt trennt ihr eine Lage des Papiertaschentuchs heraus, und reißt davon ein ungefähr 8 mal 5 Zentimeter großes Stückchen ab. Legt das Papierstück dahin, wo ihr die Wunde haben wollt, und bedeckt es mit klarer Vaseline. Jetzt könnt ihr das schmierige Papier zu einer Wunde formen. Achtet darauf, dass die Ränder höher liegen als die Mitte. Dann verstreicht ihr die Blutvaseline in der Wundenmitte, und streut ein bisschen Kakao auf die Ränder. Den Kakao müsst ihr auf den Rändern verreiben, damit sie dunkler werden als der Rest. Ihr könnt auch ein wenig von dem Kakao in der Mitte verteilen. Jetzt geht los, und zeigt eure Wunde jemandem, der kein Blut sehen kann – vielleicht kippt er ja um vor Schreck!

Schorfiges und Schuppiges

Das Sandmännchen ist da!

Ihr kennt solche Szenen aus Filmen oder aus der Werbung: Ein Junge wacht auf und gähnt. Seine Augen fangen an zu leuchten. Er springt aus dem Bett, läuft zum Fenster und freut sich, weil entweder alles verschneit ist, oder die Sonne so schön scheint, oder weil sein Hund, der weggelaufen war, endlich wieder da ist. Die Szene ist schon in Ordnung, aber irgendetwas fehlt. Was ist denn mit dieser: Eine Frau liegt friedlich im Bett und schläft.

Plötzlich kracht es, und sie wacht auf. Die Kamera fährt ganz nah an sie heran, um ihren entsetzten Blick festzuhalten. Wisst ihr jetzt, was fehlt? Immer noch nicht? Okay, letzter Versuch. Ein Mann dreht sich im Bett um und stellt den Wecker aus. Als ihm auffällt, wie spät es ist, reißt er erschrocken die Augen auf und springt aus dem Bett. Er muss sich wirklich beeilen, vergisst aber natürlich auf keinen Fall seine neue Aktentasche, seinen leckeren Müsliriegel, seine Magentabletten oder was die Werbung eben sonst verkaufen soll. Na, gebt ihr auf? Die Lösung lautet **„Schlafdreck"** oder **„Schlafsand".** Niemand reibt sich im Fernsehen jemals den Sand aus den Augen, wenn er aufsteht. Tatsächlich scheinen die da überhaupt nichts zum Wegwischen zu haben.

Tränen sind immer noch am besten dazu geeignet, das Auge zu reinigen. Ab und zu kann es aber sein, dass die Augen jucken und brennen. Dann brauchen sie eine Erfrischung. Dazu braucht ihr keine Augentropfen in der Apotheke zu kaufen. Benutzt lieber eine saubere(!) Pipette, und träufelt euch ein, zwei Tröpfchen kaltes Leitungswasser ins Auge.

Im wahren Leben gehört der Sand im **Auge** einfach zum Morgen dazu. Man reibt ihn weg, und er fällt auf den Boden oder ins Bett. Nichts, worüber man groß nachdenken müsste. Wenn man sieht, dass jemand anderes ihn im Auge hat, bemüht man sich, nicht hinzustarren oder sagt demjenigen, dass er sich mal die Augen reiben soll. Das Komische an Schlafdreck, Schlaf, Sand oder Sandmännern im Auge ist, dass es keinen richtigen Namen dafür gibt. Und das, obwohl das Zeug schon seit Millionen von Jahren in den Augen von Mensch und Tier gleichermaßen rumhängt.

Schlafdreck kann hart und bröselig sein, er kann aber auch klebrige Fäden ziehen. Normalerweise entsteht er dort, wo sich die **Augenlider** treffen, in den

Schorfiges und Schuppiges

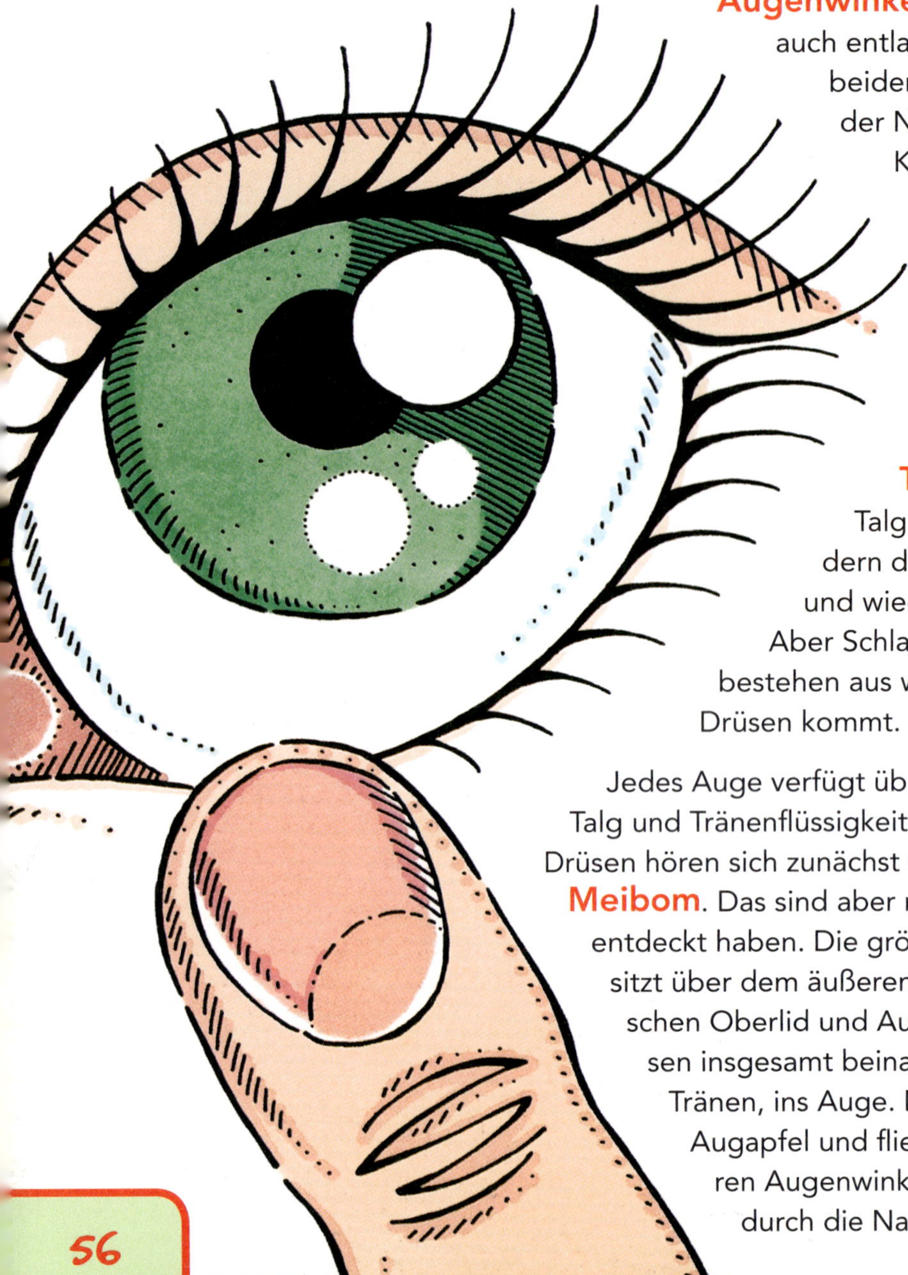

Augenwinkeln. Manchmal lagert sich der Sand auch entlang der Wimpern am Unterlid ab. In den beiden inneren Augenwinkeln links und rechts der Nase sitzt jeweils ein kleiner, fleischiger Knubbel. Seht ihn euch mal im Spiegel an. Nein, dazu müsst ihr euch den Finger nicht ins Auge stecken. Zieht einfach das Unterlid ein Stückchen runter, und guckt euch das Ding an. Danach schiebt ihr das Oberlid rauf, so seht ihr noch mehr vom Knubbel. Diesen kleinen Knoten nennt man **Tränenkarunkel**, und in ihm sitzen Talg- und Schweißdrüsen. Die Drüsen sondern das weiße, klebrige Zeug ab, das sich hin und wieder in diesem Augenwinkel sammelt. Aber Schlafdreck und anderer Schmutz im Auge bestehen aus weit mehr als nur dem, was aus diesen Drüsen kommt.

Jedes Auge verfügt über mehr als dreißig **Drüsen**, die es mit Talg und Tränenflüssigkeit versorgen. Die Bezeichnungen dieser Drüsen hören sich zunächst witzig an: **Zeis**, **Moll**, **Wolfring** oder **Meibom**. Das sind aber nur die Namen von Forschern, die sie entdeckt haben. Die größte dieser Drüsen ist mandelförmig und sitzt über dem äußeren Augenwinkel direkt unter der Haut zwischen Oberlid und Augenbraue. Pro Jahr spritzen diese Drüsen insgesamt beinahe vier Liter Reinigungsflüssigkeit, also Tränen, ins Auge. Die Flüssigkeit verteilt sich auf dem Augapfel und fließt dann durch winzige Löcher im inneren Augenwinkel ab. Die gebrauchten Tränen laufen durch die Nase, und ihr schluckt sie dann runter.

Schorfiges und Schuppiges

Wie oft man pro Minute blinzeln muss, hängt stark davon ab, was man gerade macht. Unterhält man sich mit jemandem, können es bis zu 29 Mal werden, und wenn man liest, klimpert man nur vier Mal pro Minute mit den Wimpern.

Eure Nase muss also als Müllkippe für Tränen herhalten. Deshalb läuft euch auch die Nase, wenn ihr weinen müsst.

Der Film auf dem Auge besteht aus **drei Schichten**. Eine schleimige und eine ölige Schicht, die aus Talg, **Cholesterin** (genau, dem Zeug aus dem Essen) und anderem Fett bestehen, umhüllen die **Tränenschicht**. Diese ist eine Mischung aus Salz (darum schmecken Tränen so salzig), Zucker, Ammoniak (dem Zeug aus dem Pipikapitel, erinnert ihr euch? Gibt's auch als Putzmittel), Urea (oder Harnstoff, ist auch in Pipi drin), jeder Menge Wasser und einem Stoff namens **Albumin**, den man z. B. im Weißen von Eiern findet. Außerdem ist noch Zitronensäure drin (wie die in Orangen, und natürlich Zitronen), dann eine Substanz, die Bakterien abtötet, und schließlich noch ein paar andere Sachen. *Und was hat das alles jetzt mit Schlafdreck zu tun?*

Ach ja, der Schlafdreck: Wenn ihr blinzelt, verteilt ihr die Tränen mit den Lidern auf dem Auge. Das tut ihr durchschnittlich zwanzig Mal pro Minute für jeweils eine Fünftelsekunde. Tatsächlich gehen fünf Jahre eures gesamten Lebens allein fürs Blinzeln drauf. Wenn die Lider beim Blinzeln geschlossen sind, machen die kleinen Abflüsse dicht. *Schön, aber was ist jetzt mit dem Schlafdreck?*

Schon gut, zurück zum Augensand also: In der Nacht macht ihr die Schotten dicht, sodass die Lider einen wasserdichten Verschluss bilden. In dieser Zeit müsst ihr kaum Tränen erzeugen, weil die Augen ja nicht trocken werden können, aber ein paar davon macht ihr trotzdem. Diese nächtlichen Tränen laufen am unteren Lid entlang und sammeln sich dann im inneren Augenwinkel. Dort können sie nicht ablaufen, weil die Abflusslöcher nachts ja geschlossen sind. Der Flüssigkeit bleibt nichts anderes übrig, als zu verdunsten, und so lässt sie nur ein paar schorfige Bröselchen zurück. Jetzt kommen noch einige Spritzer Schweiß und Talg aus der Karunkel dazu, und schon hat man den schönsten Schlafdreck.

Schorfiges und Schuppiges

Steinreich!

So ein **Mund** ist schon toll: Dort ist es warm und feucht, und ihr könnt leckeres Essen hineinstecken. Der Mund ist ein richtig tropisches Paradies, in dem viele verschiedene, mikroskopisch kleine Lebewesen glücklich und zufrieden wohnen. Einige sind rund, andere stäbchenförmig, und wieder andere sehen aus wie Spiralen. Im Mund ist richtig was los: Jetzt, in diesem Moment, während ihr das hier lest, benutzen mehr als 100 Millionen Minikreaturen eure Futterluke als Schwimmbad, als gedeckten Tisch, als Liebesnest und als Toilette.

In eurem Mund leben also mehr Viecher, als es Menschen in Deutschland, Österreich und der Schweiz zusammen gibt! Keimfrei ist euer Mund nicht gerade. Tatsächlich ist er der unhygienischste (unsauberste) Körperteil, den ihr habt. Denkt drüber nach, wenn ihr das nächste Mal jemanden küsst!

Zähne fangen schon drei Monate, bevor man überhaupt geboren wird, an, zu wachsen.

Schorfiges und Schuppiges

Noch wichtiger ist es, euch an die netten, kleinen Miniviecher zu erinnern, wenn ihr euch mal wieder nicht die **Zähne** putzen wollt. Sagt eurer Mutter doch einfach: „Ich wollte nur den armen, kleinen, hungrigen Dingern in meinem Mund helfen. Die müssen schließlich auch was essen!" Wenn ihr es hinkriegt, euch ein paar Tage lang nicht die Zähne zu putzen, dann wird euch ein pelziger Belag auf euren Kauwerkzeugen auffallen. Genauso auffallend ist aber auch der große Abstand, den all eure Freunde dann plötzlich zu euch halten.

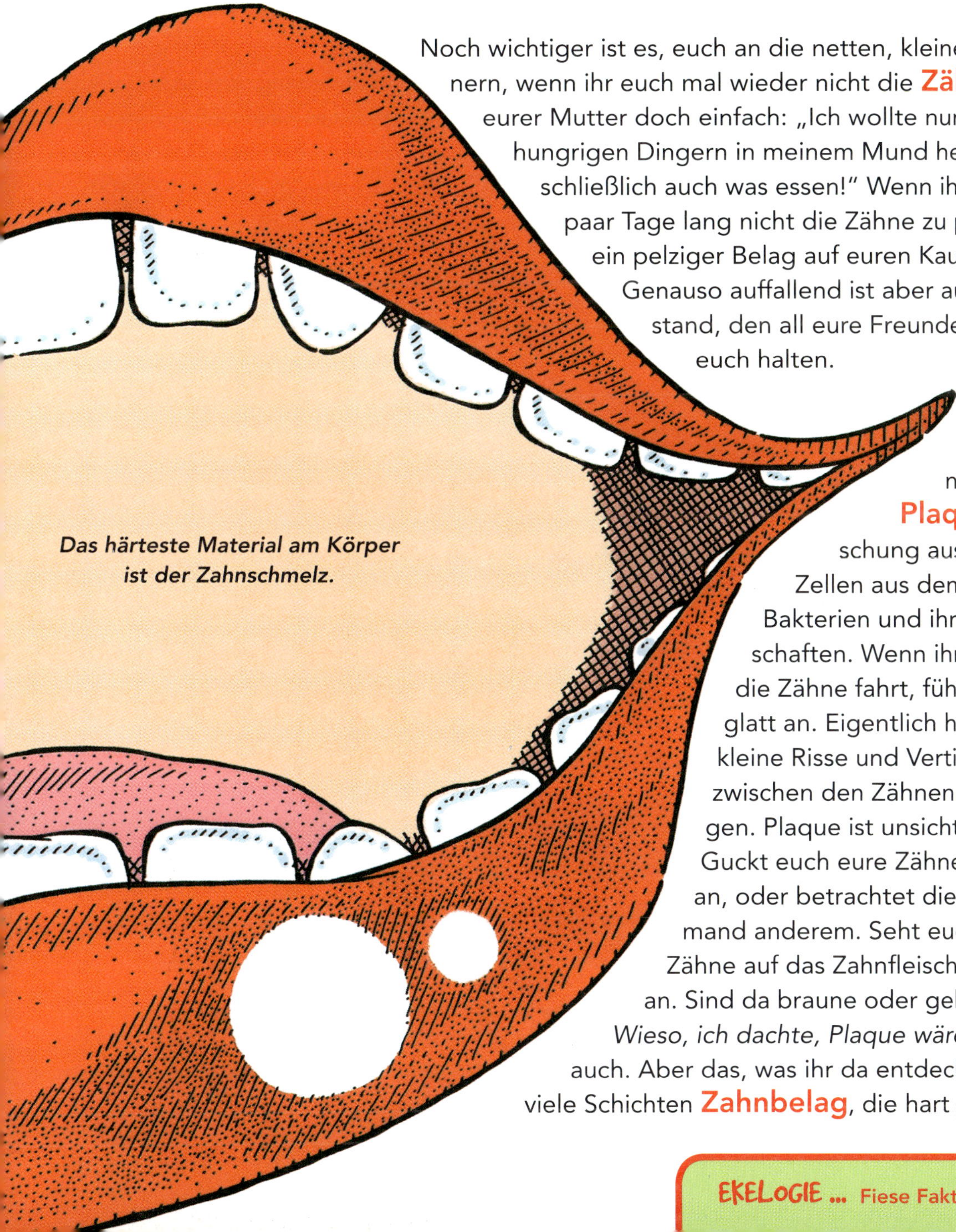

Das härteste Material am Körper ist der Zahnschmelz.

Die Schmutzschicht, die ihr auf den Zähnen spürt, nennt man **Plaque**. Das ist eine Mischung aus Essensresten, alten Zellen aus dem Mund, ziemlich vielen Bakterien und ihren Hinterlassenschaften. Wenn ihr mit der Zunge über die Zähne fahrt, fühlen sie sich ziemlich glatt an. Eigentlich haben sie aber viele kleine Risse und Vertiefungen. Darin und zwischen den Zähnen bleibt der Belag hängen. Plaque ist unsichtbar.

Guckt euch eure Zähne doch mal im Spiegel an, oder betrachtet die Beißerchen von jemand anderem. Seht euch die Stellen, wo die Zähne auf das Zahnfleisch treffen, ganz genau an. Sind da braune oder gelbe Flecken zu sehen? *Wieso, ich dachte, Plaque wäre unsichtbar?* Ist sie auch. Aber das, was ihr da entdeckt habt, sind viele Schichten **Zahnbelag**, die hart geworden sind

Schorfiges und Schuppiges

und die man dann **Zahnstein** nennt. Zahnstein entsteht, wenn Mineralstoffe im Speichel sich mit schleimiger Plaque zu einer bombenfesten Mischung verbinden, die sich an den Zähnen festsetzt. Dort bildet er dann eine Steinschicht nach der anderen. Leute, die sich nicht so oft die Zähne putzen und keine Zahnseide benutzen, haben jede Menge davon. Falls ihr also von lieblich gelben Zähnen träumt, müsst ihr bloß mit dem Putzen aufhören und nichts als Süßigkeiten, Weißbrot und Nudeln essen.

↑ *Das ist ein vergrößertes Bild von Plaque – die bekommt ihr, wenn ihr euch nicht die Zähne putzt.*

Plaque-Test

Was ihr braucht:
Euch selbst, „sichtbar machende“ Kautabletten, die man in der Drogerie oder in der Apotheke bekommt, eine Zahnbürste, Zahnpasta und Wasser.

Was ihr tun müsst:
Putzt euch die Zähne so wie immer – also nicht so supermegagründlich, als müsstet ihr gleich zum Zahnarzt. Steckt euch eine Kautablette in den Mund. Schön kauen, kauen, immer kauen. Dann nehmt ihr einen Schluck Wasser und spült euch damit den Mund aus. Stellt euch vor den Spiegel und: Bitte Lächeln! Pfui! Was ist denn mit meinem Mund passiert? Die Tablette bleibt an der Plaque hängen und färbt sie, sodass man genau sehen kann, wo ihr nicht geputzt habt. Tja, hoffentlich gefällt euch euer neues, farbenfrohes Lächeln, denn damit werdet ihr jetzt eine Weile leben müssen. Quatsch, war nur ein Scherz. Putzt euch einfach noch mal gründlich die Zähne, dann verschwinden der Belag und die Flecken, die ihr vorher vergessen hattet.

Ein niederländischer Stoffhändler namens Antonie van Leeuwenhoek hat im Jahr 1676 die Bakterien entdeckt. In seiner Freizeit hat er gerne Vergrößerungsgläser hergestellt. Eines Tages hat er mal ein bisschen Belag von seinen Zähnen abgekratzt und ihn sich unter der Lupe angeschaut. Mann, der war bestimmt überrascht, als er gesehen hat, was da alles wimmelt und krabbelt.

Leise weht der Wind

Oder auch laut. Denn: „Jedes Böhnchen gibt ein Tönchen.“ „Hey, wer hat denn die Stinkbombe geworfen?“ Ihr sitzt still im Unterricht und ahnt nichts Böses, als ihr merkt, wie sich der Druck in euch aufbaut und es anfängt, zu rumoren. Oh nein, bitte nicht! Ihr wisst genau, was jetzt passiert. Zwar versucht ihr noch, den Po zusammenzukneifen und das Schlimmste zu verhindern, aber ihr habt keine Chance: Der Druck muss raus. Blubb, Flupp, Pffffft… Es ist passiert – ihr habt einen fahren lassen.

In Medizinerkreisen sagt man **„Flatus“** statt **Furz**, und **„Flatulenz“** zum Furzen. Auf Latein heißt „flatus“ nämlich „blasen“ oder „pusten“. Passt doch ganz gut, oder?

Ein Wissenschaftler hat Furzforschungen betrieben und herausgefunden, dass ein Mensch am Tag durchschnittlich vierzehn Mal pupst. Manche Leute furzen öfter, und manche hören anscheinend überhaupt nicht mehr damit auf. Ein Mann in Minneapolis, das ist eine Stadt in den USA, hat sogar „flatografisch“ festgehalten, wie oft er einen fliegen lässt. In 24 Stunden kam er auf 141 Fürze. Alle Achtung! Zählt doch mal nach, wie oft ihr so pupst. Wenn euch vierzehn Mal am Tag ein laues Lüftchen entfährt, gehört ihr zum Durchschnitt.

Wenn ihr das Gas, das ihr während der Blähungen ausstoßt, irgendwie auffangen könntet, dann könnte man messen, wie viel es ist. Das hat tatsächlich mal jemand gemacht. Dieser Furzologe sagt, dass die Menge zwischen ungefähr 250 Millilitern, also einem großen Kaffeebecher, und bis zu zwei Litern, also zwei Wasserflaschen, liegt.

Stinkendes und Müffelndes

Pupsprofis

Joseph Pujol war ein berühmter französischer Furzkünstler, der den anderen Bühnengrößen Mitte des 19. Jahrhunderts immer um eine Furzlänge voraus war. Pujol war als „Le Pétomane“ („pet“ heißt Pups auf Französisch) bekannt. Mit seinem Hinterteil konnte er ganz unterschiedlich hohe und lange Töne erzeugen. Zuerst hat er nur seinen Freunden auf Partys gezeigt, was er konnte. „Komm, wir laden Pujol ein. Der bringt in jede Party frischen Wind.“ Aber als er dann erwachsen war, zog es ihn auf die große Bühne.

Seit 1991 gibt ein britischer Pupsist sogar richtige Furzvorstellungen, auch im Fernsehen. Mit seinem Po kann er Geräusche nachmachen und sogar Lieder spielen. Mr. Methane hat sogar ein Album mit seinen größten Hits aufgenommen. Wenn das nicht musikalisch ist!

Wie man „Furz“ in verschiedenen Sprachen sagt:

Englisch	fart
Französisch	pet
Italienisch	scorreggia
Holländisch	scheet
Portugiesisch	traque
Schwedisch	prutt
Ungarisch	fing
Türkisch	osuruk
Polnisch	bąk
Chinesisch	pí
Spanisch	pedo
Norwegisch	promp

Obwohl das Furzen euch wirklich pupseinfach vorkommt, ist es für den Körper ein richtig anstrengender Vorgang. Nachdem das Essen im Magen zerkleinert wurde, wandert es weiter in euren **Dünndarm**. Hier verabschieden sich die Mineralien, Vitamine und das andere wichtige Zeug aus dem Essen. Sie werden durch die **Darmwände** gleich ins Blut verfrachtet. Der Matsch, der übrig bleibt, verlässt den Dünndarm und tritt in die Furzfabrik ein – den **Dickdarm**.

Ein Teil des Essens ist noch immer nicht ganz zersetzt. Dazu gehören Lebensmittel, die Weizen oder Milch enthalten, Kohl, Äpfel, Rettich, Brokkoli, Zwiebeln, Blumenkohl und das wohl musikalischste aller Gerichte: Bohnen. Die **Ballaststoffe** und auch ein paar Zuckerarten, also einige **Kohlehydrate**, in diesen Nahrungsmitteln sind nicht verdaut worden. Wenn ihr also mal so richtig einen fliegen lassen wollt, dann müsst ihr bloß viele Ballaststoffe und unverdaulichen Zucker essen.

Wie ihr wisst, wird der Dickdarm von vielen kleinen Lebewesen bewohnt, den Bakterien. Eine dieser Arten sind die **Kolibakterien**. Die kleinen Viecher ernähren sich von Ballaststoffen und Kohlehydraten und fressen sich von morgens bis abends an den unverdauten Lebensmitteln satt. Genau, wie ihr nach dem Essen aufs Klo müsst, müssen auch die Bakterien mal groß. Und dabei pupsen sie. Ihre Gase sammeln sich in eurem Darm, und wenn der Druck zu groß wird, kommen sie eben hinten heraus. Tja, ihr seid also nichts weiter als der Aufenthaltsraum für ein paar Lebewesen, die zum Dank auch noch die Luft in euch verpesten.

So ein Furz besteht aus verschiedenen Gasen. Das meiste davon ist **Kohlendioxid**, **Wasserstoff** und **Methan**. Diese Gase riechen alle nach gar nichts. Wasserstoff ist leichter als Luft, deshalb steigt er auf. Außerdem ist er, genau wie Methan, sehr leicht entflammbar. Deshalb wird Methan auch für Gasherde und -heizungen genutzt. Was so fies riecht, sind die Gase **Indol**, **Skatol** und **Schwefelwasserstoff**. Der Schwefelwasserstoff ist auch daran schuld, dass verfaulte Eier so sehr stinken. Indol und Skatol verleihen dem Kot seine liebliche Duftnote. Die Nase kann einen ekligen Geruch sogar dann noch wahrnehmen, wenn er zehnmilliardenfach verdünnt worden ist. Obwohl die Stinkgase nur einen ganz kleinen Teil eines Furzes ausmachen, bekommt es also meistens trotzdem jeder mit, wenn sie entweichen.

Außer, dass sie Gase und Geruch verursachen, machen Pupse auch noch Geräusche. Denkt nur an die vielen verschiedenen Furzlaute. Macht sie doch mal nach, entweder mit dem Mund, oder indem ihr euch die hohle Hand in die Achselhöhle steckt und flattert wie ein Vogel. Da gibt es zum Beispiel das leise „Pfffffffft" oder die feuchtere Variante „Pfffwrwrwrwbbb", ein gluckerndes „Prutprutprut" und ein blubberndes „Flubb-flubber-flupp". Und das sind noch längst nicht alle, also:
Üben, üben, üben!

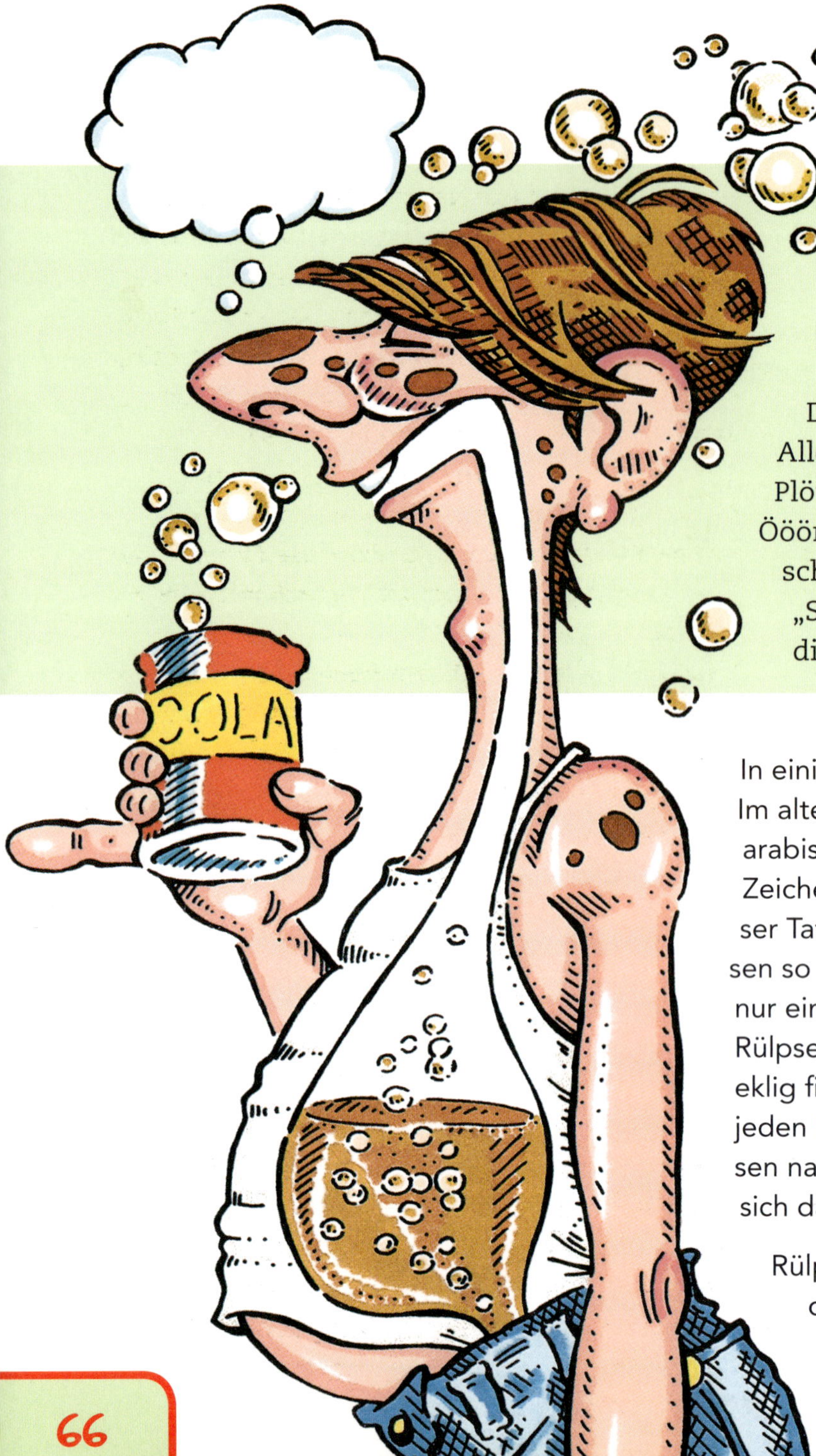

Prost Mahlzeit!

Das Essen war köstlich. Und es war viel. Alle sitzen rund um den Tisch, es ist still. Plötzlich entfährt euch ein lauter Rülpser: Ööörrrrp! Das hat gut getan. Aber wahrscheinlich bekommt ihr so etwas wie: „So was macht man nicht. Entschuldige dich.“ zu hören.

In einigen Kulturen macht man das aber sehr wohl. Im alten Rom zum Beispiel, und auch in ein paar arabischen Ländern, war und ist das Rülpsen ein Zeichen dafür, wie gut es geschmeckt hat. Mit dieser Tafelmusik teilt ihr dem Koch mit, dass das Essen so lecker war, dass ihr mehr gegessen habt als nur eine Portion. Ob man das **Aufstoßen** (der Rülpser heißt auf Lateinisch übrigens **Ruktus**) nun eklig findet oder als Kompliment versteht, es ist auf jeden Fall eine ganz natürliche Sache. Hunde rülpsen nach dem Fressen auch, und die zerbrechen sich darüber bestimmt nicht den Kopf.

Rülpsen, burpsen oder aufstoßen bezeichnen alle dieselbe Sache. Jeder tut es! Tatsächlich rülpst ihr am Tag ungefähr 15 Mal. Wenn jemand besonders schnell isst, beim Kauen redet und Zigaretten oder Zigarren raucht, dann

muss er öfter aufstoßen. Aber verglichen mit einer Kuh ist das noch gar nichts: Die könnte mit ihren Rülpsgasen glatt zwei Kühlschränke am Tag füllen.
Die Ursache für das Bäuerchen liegt im **Magen**. Der Magen ist ein kleiner Muskelsack, der an einem Ende mit der **Speiseröhre** (oder dem **Ösophagus**) verbunden ist, die bis in euren Rachen hinaufreicht. An der anderen Seite schließt der Dünndarm an den Magen an. In der oberen Magenhälfte blubbert immer eine kleine Luftblase vor sich hin.
Eigentlich ist der Magen genau wie ein Ballon. Wenn man Essen, Flüssigkeit oder Luft reintut, dehnt er sich. Die Luft schluckt ihr mit runter, wenn ihr esst oder trinkt, und sie bleibt als Gas im Magen. Wenn er verdaut, rückt er der Nahrung mit Säure zu Leibe und stellt dabei selbst auch noch Gas her. Irgendwann ist einfach zu viel von dem Zeug da, und der Druck wird zu groß. Um ihn zu verringern, muss das Gas raus. Rülps!
Wenn man beim Aufstoßen den Mund zukneift, kann man sogar mit der Nase rülpsen. Aber zählt das dann noch als echter Rülpser?
Durch manche Lebensmittel, die ihr eurem Magen so zuführt, entstehen besonders „geschmackvolle" Bäuerchen. Die Gase bringen den Geschmack und den Geruch einfach mit, wenn sie oben rauskommen.
Vielleicht habt ihr euch ja schon mal an der Rülpsluft anderer Leute erfreuen können und habt so herrliche Dinge wie Knoblauchrülpser, Zwiebelrülpser, Bierrülpser, Kotzrülpser oder Salamirülpser gerochen.

Rülpsmodell

Was ihr braucht:
Essig, Backpulver, einen mittelgroßen bis großen Ballon und einen Trichter.

Was ihr tun müsst:
Macht das Ganze am besten über einem Waschbecken, dann müsst ihr nachher nicht so viel sauber machen. Der Ballon ist nun euer Magen. Gießt ein bisschen von dem Essig hinein. Dann schüttet mit Hilfe des Trichters etwas Backpulver dazu. Drückt den Ballon mit Daumen und Zeigefinger am Hals zu: Das ist eure Speiseröhre. In eurem Magenballon bildet sich jetzt Gas, und er bläst sich auf. Lockert ihr jetzt den Griff an der Speiseröhre, dann kann das Gas, oder der Rülpser, heraus. Wenn ihr ein bisschen übt, hört sich das Rülpsmodell vielleicht bald ganz echt an.

Stinkendes
und Müffelndes

Eau de Mief

Wenn ihr in den Bus steigt, steigen alle anderen dann gleich aus? Auch der Busfahrer? Wohnen eure Familienmitglieder nicht bloß in anderen Zimmern, sondern in einem anderen Haus als ihr? Besteht euer Freundeskreis zum größten Teil aus Hunden? Dann leidet ihr vielleicht unter **Körpergeruch**. Na gut, das war wohl ein wenig übertrieben. Aber damit so etwas nicht Wirklichkeit wird und sie nicht wie Axel Schweiß riechen, geben die Deutschen pro Jahr über 11 Milliarden Euro für Kosmetik und Körperpflege aus.

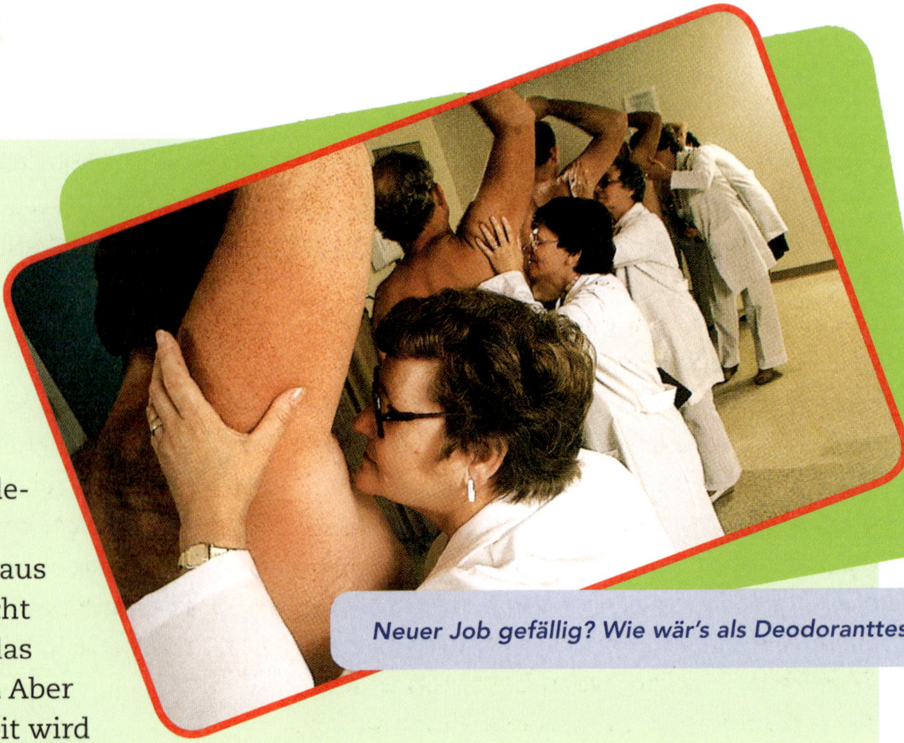

Neuer Job gefällig? Wie wär's als Deodoranttester?

Außer an den Lippen und dem einen oder anderen Geschlechtsteil, ist der Körper über und über mit kleinen Schweißfabriken, den **Schweißdrüsen**, bedeckt. In eurer Handfläche kommen über 200 Schweißdrüsen auf einen gerade mal briefmarkengroßen Bereich. An den Handflächen und Fußsohlen befinden sich nämlich mehr von den Dingern als sonst irgendwo am Körper. Und diese Drüsen sondern jede Menge **Schweiß** durch eure Poren (die kleinen Löcher in eurer Haut) ab. Da kommt am Tag bis zu einem Liter an Flüssigkeit zusammen.

Moooment mal. Es schmiert sich doch kein Mensch Deo auf die Hände, und meine Handflächen stinken ganz sicher nicht. Stimmt, es gibt ja auch zwei Sorten Schweiß: Den nicht so stinkigen und den, der so richtig mieft.
Der stinkende Schweiß wird von Drüsen erzeugt, die vor allem in den Achselhöhlen, aber auch im Schritt und am After sitzen, und ein paar davon habt ihr auch auf der Kopfhaut. Bis man ungefähr zwölf ist, tun diese Drüsen gar nichts. Aber dann fangen sie an zu arbeiten und wollen einfach nicht mehr aufhören. Des-

halb müffeln Erwachsene auch so, und Kinder nicht. **Erwachsenenschweiß** ist eine klebrige, milchige Flüssigkeit, die ihnen Tröpfchen für Tröpfchen aus den Poren quillt. Die Schweißperlen riechen zwar ein ganz kleines bisschen wie dieses Ammoniakzeugs, das ihr als Putzmittel und Bestandteil des Urins kennengelernt habt, aber im Großen und Ganzen sind sie eher geruchlos. *Mooooment noch mal. Ich würde euch ja nicht unbedingt empfehlen, an jemandes Achselhöhle zu schnüffeln. Wie eklig die stinken, weiß doch jedes Kind.* Stimmt ja auch. Allerdings fängt der klebrige Schweiß erst dann an, zu stinken, wenn Bakterien anfangen, ihn aufzumümmeln. Wie der weniger stinkige Schweiß, hat auch der miefende etwas in sich, das bestimmte Bakterien total lecker finden. Diese wuscheligen, runden Bakterien in der Achselhöhle sorgen dann schon dafür, dass der Schweiß anfängt, zu müffeln.

Und wenn es so weit ist, kommt ein „Geruchweg", denn das bedeutet das lateinische Wort **Deodorant**, gerade recht. Chemische Stoffe im Deo helfen, den Geruch loszuwerden, indem sie die Stinkebakterien einfach vergiften. Ein Spritzer von dem Gift, und der Großteil der Viecher, die in den Achselhaaren abhängen oder es sich auf der Haut gemütlich gemacht haben, ist erledigt. Ein paar davon entkommen allerdings,

Hunde haben nur ganz wenige Schweißdrüsen, deshalb müssen sie immer hecheln, um sich abzukühlen. Bei Katzen sitzen die Schweißdrüsen an diesen weichen Kissen unter den Pfoten.

Stinkendes und Müffelndes

Im Mittelalter hielt man Baden nicht unbedingt für standesgemäß. Kein Bad nehmen zu müssen, galt als Zeichen von Wohlstand. Viele reiche Leute gaben damit an, dass sie sich von Wasser und Seife fernhielten. Es gab zum Beispiel einen Engländer, der dreizehn Jahre lang nicht in die Wanne gehüpft ist. Dass die Leute nicht badeten, bedeutete aber auch, dass sie schwitzten und stanken. Diesen Mief versuchten sie dann mit Parfüm, Duftölen oder Gewürzen zu überdecken. Das waren vielleicht müffelige Zeiten!

verstecken sich an den Haarwurzeln oder lassen sich aus der Achsel auf einen anderen Körperteil fallen und warten dort den Angriff ab. Nachdem die Luft – im wahrsten Sinne des Wortes – wieder rein ist, kehren die Bakterien an den Tatort Achselhöhle zurück und fangen wieder an, zu futtern und sich zu vermehren, bis das Deo wieder zuschlägt oder sie von Wasser und Seife überrascht werden.

Für diese geruchsbildenden Bakterien ist die andere Sorte Schweiß nicht unbedingt ein Leckerbissen. Das, was Millionen Poren eurer Haut da absondern, ist eigentlich ganz stark **verdünnter Urin** (jawohl, Pipi), in dem noch ein paar andere Sachen herumschwimmen. Genau wie Harn, ist auch Schweiß eine Mischung aus Wasser, Salzen und Urea (Harnstoff). Außerdem ist noch ein Stoff darin, den man auch in Wespengift findet, und noch eine weitere Substanz, die der ähnelt, die Stinktiere verspritzen.

Schwitzen ist eine wirklich wichtige Sache. Es hält die **Körpertemperatur** unter Kontrolle. Wenn ihr Sport treibt, es draußen sehr warm ist oder ihr sehr nervös seid, schaltet euer Körper die Klimaanlage an. Der Schweiß legt sich wie eine Folie auf die Haut und kühlt den Körper ab. Das funktioniert, indem das Wasser im Schweiß verdunstet. Salz und Harnstoff bleiben zurück. Deshalb schmeckt ihr auch so salzig, wenn ihr geschwitzt habt. Und darum klebt ihr dann auch so.

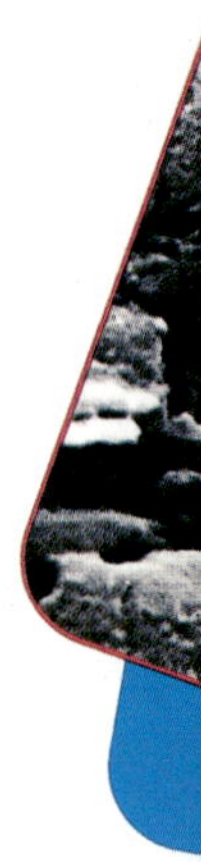

Cool bleiben!

Was ihr braucht:
Einen Wattebausch, medizinisches Desinfektionsmittel (z.B. zum Säubern von Wunden), euren Unterarm, euren Atem

Was ihr tun müsst:
Tränkt den Wattebausch mit Desinfektionsmittel, und wischt euch damit über den Unterarm, sodass er danach feucht ist. Jetzt pustet ihr auf die nasse Stelle. Wie fühlt sich das an? Wenn das Wasser im Schweiß verdunstet, sich also in Luft auflöst, dann nimmt es dabei Wärme mit. Und weil der Alkohol im Desinfektionsmittel noch schneller als Wasser verdunstet, könnt ihr den Effekt sofort spüren.

Ist das etwa ein Vulkan?
Nö. Das ist bloß eine Schweißdrüse am Daumen.

Stinkendes und Müffelndes

Mordsfahne!

„Los geht's. 1 … 2 … 3 … Tief einatmen. Und halten. Und ausatmen." In jeder Minute nehmt ihr ungefähr 15 Atemzüge. Wenn ihr gerade einen Taschenrechner zur Hand habt, könnt ihr euch ja ausrechnen, wie oft ihr dieses Jahr, oder in eurem Leben, schon geatmet habt (siehe Seite 74). Mit jedem Zug atmet ihr etwa einen halben Liter Luft ein. Und dieselbe Menge kommt auch wieder heraus, nachdem sie durch eure Lungen gewandert ist.

Alle Menschen um euch herum atmen Hunderte von Malen jeden Tag. Meistens denkt man nicht daran, bis jemand in der Nähe **Mundgeruch** hat. Dann erinnern euch jeder Atemzug und jedes Wort (fangt gar nicht erst vom Husten an) aufs Übelriechendste daran, dass man sich die Luft mit seinen Mitmenschen teilen muss. Um das zu überleben, bietet dem Luftverpester doch einfach ein Pfefferminzbonbon an. Ach was, schenkt ihm gleich die ganze Tüte.

Beinahe jeder hat mal schlechten Atem. *Ich? Völlig ausgeschlossen.* Wenn ihr denkt, dass ihr davon verschont werdet, dann erinnert euch bitte mal an den Geschmack, den ihr morgens gleich nach dem Aufwachen im Mund habt. Zur Beruhigung: Mundgeruch geht eigentlich meistens schnell wieder weg. Lest euch das Kapitel über den Mund durch. Da erfahrt ihr, dass in eurem Mund eine äußerst bevölkerungsreiche Gemeinschaft kleiner Kreaturen lebt – die **Bakterien**. Tagsüber schluckt ihr und trinkt Flüssigkeiten, die die kleinen Biester zusammen mit winzigen Resten Essen durch den Rachen hinunter in den Magen schwemmen. Aber wenn ihr schlaft, hat der Mund Feierabend. Dann schlagen sich die Bakterien ungestört den Bauch mit euren Essensresten voll und verrichten in Ruhe ihr Geschäft. Beim Aufwachen könnt ihr schließlich das Ergebnis der Bakterienparty in eurem Mund riechen und schmecken. Eine ganze Menge Leute rennen morgens erst mal mit zusammengekniffenen Lippen ins Bad und gurgeln, bevor sie den Mund aufmachen und „Guten Morgen" wünschen. Mit Mundwasser wird man die meisten Bakterien zwar zunächst los, aber nach ein paar Stunden ist die gesamte Bande wieder da. Die beste Waffe gegen den morgendlichen Müffelmund ist immer noch das **Zähneputzen**.

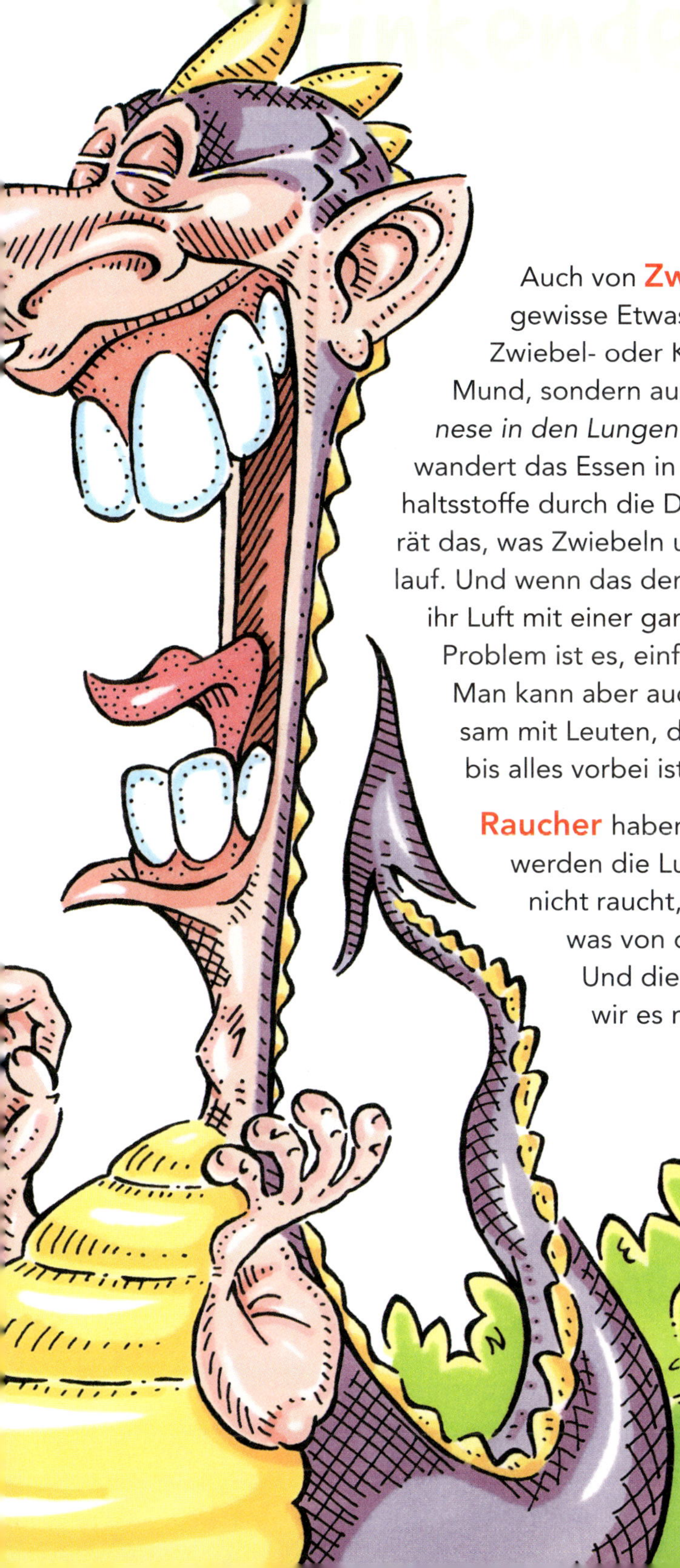

Stinkendes und Müffelndes

Auch von **Zwiebeln** und **Knoblauch** bekommt der Atem das gewisse Etwas. Und auch in diesem Fall ist Gurgeln zwecklos. Eine Zwiebel- oder Knoblauchfahne kommt noch nicht mal aus dem Mund, sondern aus den Lungen. *Na klar, als ob meine Spagetti Bolognese in den Lungen landen statt im Magen.* Das nicht. Vom Magen aus wandert das Essen in eure Därme. Von dort aus gehen die meisten Inhaltsstoffe durch die Darmwände direkt ins Blut über. Auf diese Weise gerät das, was Zwiebeln und Knoblauch so stinkig macht, in euren Blutkreislauf. Und wenn das derart parfümierte Blut in den Lungen angelangt, atmet ihr Luft mit einer ganz besonderen Duftnote aus. Eine Lösung für dieses Problem ist es, einfach keine Zwiebeln und keinen Knoblauch zu essen. Man kann aber auch Pfefferminzbonbons lutschen oder gemeinsam mit Leuten, die dasselbe gegessen haben, abwarten, bis alles vorbei ist.

Raucher haben immer schlechten Atem, denn durch den Rauch werden die Lungen verschmutzt. Sogar dann, wenn einer gerade nicht raucht, nimmt ein sauberer Atemzug auf dem Rückweg etwas von dem Mist mit, der sich in den Lungen abgelagert hat. Und diese verpestete Luft ist schuld an dem … äh … nennen wir es mal „speziellen" Aroma von Raucheratem.

Aus dem antiken Griechenland stammt folgende Sage: Die Göttin Aphrodite fand, dass die Frauen auf der Insel Lemnos ihren Tempel nicht sorgfältig genug pflegten. Sie bestrafte die Frauen damit, dass sie ihnen einen so üblen Mundgeruch verpasste, dass sie damit ihre Ehemänner in die Flucht schlugen.

Stinkendes und Müffelndes

Stinkendes und Müffelndes

Bei ständig schlechtem Atem, oder **chronischer Halitose**, ist das mit dem Geruch eine ernstere Angelegenheit. Jemand, der unter ständigem Mundgeruch leidet, könnte eine Tonne Pfefferminzbonbons lutschen, mit tausend Litern Mundwasser gurgeln, sich hundert Mal am Tag die Zähne putzen und nie im Leben Zwiebeln essen: Er hätte trotzdem noch Mundgeruch. Atemwegserkrankungen, Allergien, faule Zähne, entzündetes Zahnfleisch und Verdauungsprobleme sind nur ein paar der Gründe für den ewigen Ekelatem. Mit Mundwasser kann man da nichts ausrichten. Ein Besuch beim Zahnarzt oder Hausarzt hilft aber bestimmt weiter.

Viel zu viele Leute haben eine Riesenangst vor dem schrecklichen Mundgeruchmonster. Das muss nicht sein. Entspannt euch einfach, putzt euch immer schön die Zähne, und bittet einen guten Freund darum, euch Bescheid zu sagen, wenn ihr aus dem Mund stinkt wie eine Kuh aus dem … na ja, ihr wisst, woher.

Atemrechner

Was ihr braucht:
Einen Taschenrechner.

Was ihr tun müsst:
Pro Minute atmet ihr 15 Mal ein und aus. Um zu errechnen, wie oft ihr in der Stunde atmet, nehmt ihr diese 15 Züge mal 60. Wenn ihr das Ergebnis mal 24 nehmt, kommt die

Wenn ihr ganz normal atmet, beträgt die Geschwindigkeit, mit der ihr die Luft ausstoßt, ungefähr 6,5 km/h. Müsst ihr dagegen niesen, kommt ihr auf bis zu 150 km/h Spitzenluftgeschwindigkeit.

Anzahl eurer Atemzüge am Tag heraus. Und jetzt multipliziert ihr das Ganze mit 365, sodass ihr herausbekommt, wie viel ihr im Jahr atmet. Ihr könnt auch berechnen, wie oft ihr in eurem Leben schon geatmet habt, indem ihr die Atemzüge eines Jahres mit eurem Alter malnehmt. Und um herauszufinden, wie viel Luft das ist, sucht euch eins von den Ergebnissen aus, und nehmt es mal 0,5 (weil ihr ja 0,5 Liter Luft pro Zug ein- und ausatmet). Wenn ihr nacheinander die Ergebnisse eurer Berechnungen benutzt, wisst ihr, wie viele Liter Luft ihr pro Minute, in der Stunde, am Tag, im Jahr oder während eures ganzen Lebens ausatmet. Beim nächsten Mal im Getränkemarkt könnt ihr ja an den Wasserflaschen abzählen, wie viele Liter Luft ihr in einer Stunde ausatmet. Aber passt auf, dass sie euch dort abends nicht einschließen.

Stinkendes und Müffelndes

Stinkendes und Müffelndes

So ein Käse!

Kennt ihr auch jemanden, der die Leute ins Koma versetzen kann, wenn er nur seine Schuhe auszieht? Tja, keiner hat wohl Füße, die nach Rosen duften. Ab und zu hat jeder mal Stinkefüße, und die großen Onkel und ihre Kollegen können rein gar nichts dafür. Denkt mal darüber nach: Hunde, Katzen, Kaninchen, Meerschweinchen und Kanarienvögel haben alle keinen **Fußgeruch**. Und wenn wir Menschen immer nur Sandalen oder gar keine Schuhe tragen würden, hätten wir auch kein Problem mit Käsefüßen. Schuhe und Socken sind die wahren Übeltäter.

Füße schwitzen. Und zwar jede Menge. Ungefähr 250 000 kleine Poren an den Fußsohlen geben ungefähr 60 Milliliter **Schweiß** am Tag ab. So viele Schweißdrüsen habt ihr sonst nur noch an den Handflächen. Trotzdem stinken eure Hände nicht. Hier kann der Schweiß nämlich einfach verdunsten.

Wetten, dass einer eurer Füße größer ist als der andere?

Stinkendes und Müffelndes

Eure Füße hingegen müssen den ganzen Tag in ihrem eigenen Schweiß umherwaten. Und eure Zehen werden durch die Schuhe ganz erstickt und können nur noch schlapp in euren feuchten Socken hin und her wackeln. Der Schweiß, den eure Füße produzieren, stinkt aber nicht. *Und ob! Und wie! Ihr habt wohl noch nie an Sportschuhen gerochen, was?* Ganz im Ernst, er stinkt ehrlich nicht. Erst die **Bakterien** und **Pilze**, die sich an abgestorbenen Hautzellen und Schweiß so richtig satt essen, erzeugen dieses herrliche Käsearoma. „Na Mariechen, willste ma' riechen?"

Überall auf eurem Körper leben Bakterien, ohne Probleme zu verursachen. Auch Pilze, oder Schimmel, hängen so auf euch rum, ohne dass ihr es bemerkt. Ihr braucht den kleinen Bakterien und Pilzen bloß ein warmes, feuchtes Zuhause mit jeder Menge zu futtern anzubieten, und schon fangen sie an, sich wie wild zu vermehren. Zwischen euren Zehen gefällt es ihnen ganz besonders gut. „Ach, was für ein wunderbarer Ort, um eine Familie zu gründen!" Je mehr von den Viechern bei euch einziehen, desto mehr stinken eure Füße.

Wenn ihr Stinkefüße habt, versucht es mal mit diesem Trick: Sprüht ein bisschen Antitranspirant (also ein Deo, das nicht nur den Geruch, sondern auch den Schweiß vermindert) unter die Sohlen, dann schwitzen sie weniger.

Stinkendes und Müffelndes

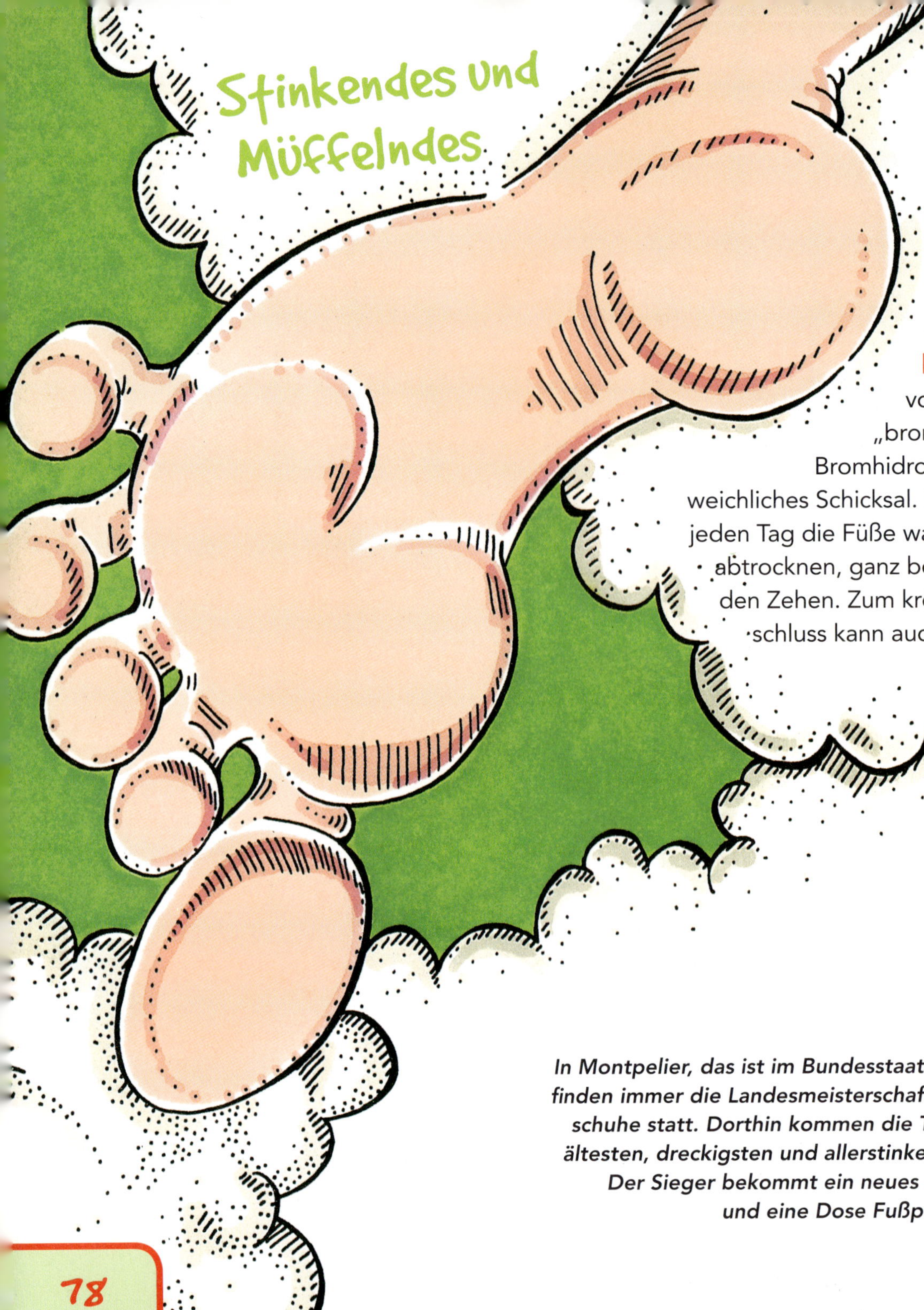

Der medizinische Ausdruck für die fiese Fußfahne lautet **Bromhidrose**. Das kommt vom griechischen Wort „bromos" für „Tiergestank". Bromhidrose ist aber kein unausweichliches Schicksal. Man muss sich bloß jeden Tag die Füße waschen und sie gut abtrocknen, ganz besonders zwischen den Zehen. Zum krönenden Abschluss kann auch ein bisschen

In Montpelier, das ist im Bundesstaat Vermont in den USA, finden immer die Landesmeisterschaften für stinkige Sportschuhe statt. Dorthin kommen die Teilnehmer mit ihren ältesten, dreckigsten und allerstinkendsten Turnschuhen. Der Sieger bekommt ein neues Paar Turnschuhe und eine Dose Fußpuder.

Stinkendes und Müffelndes

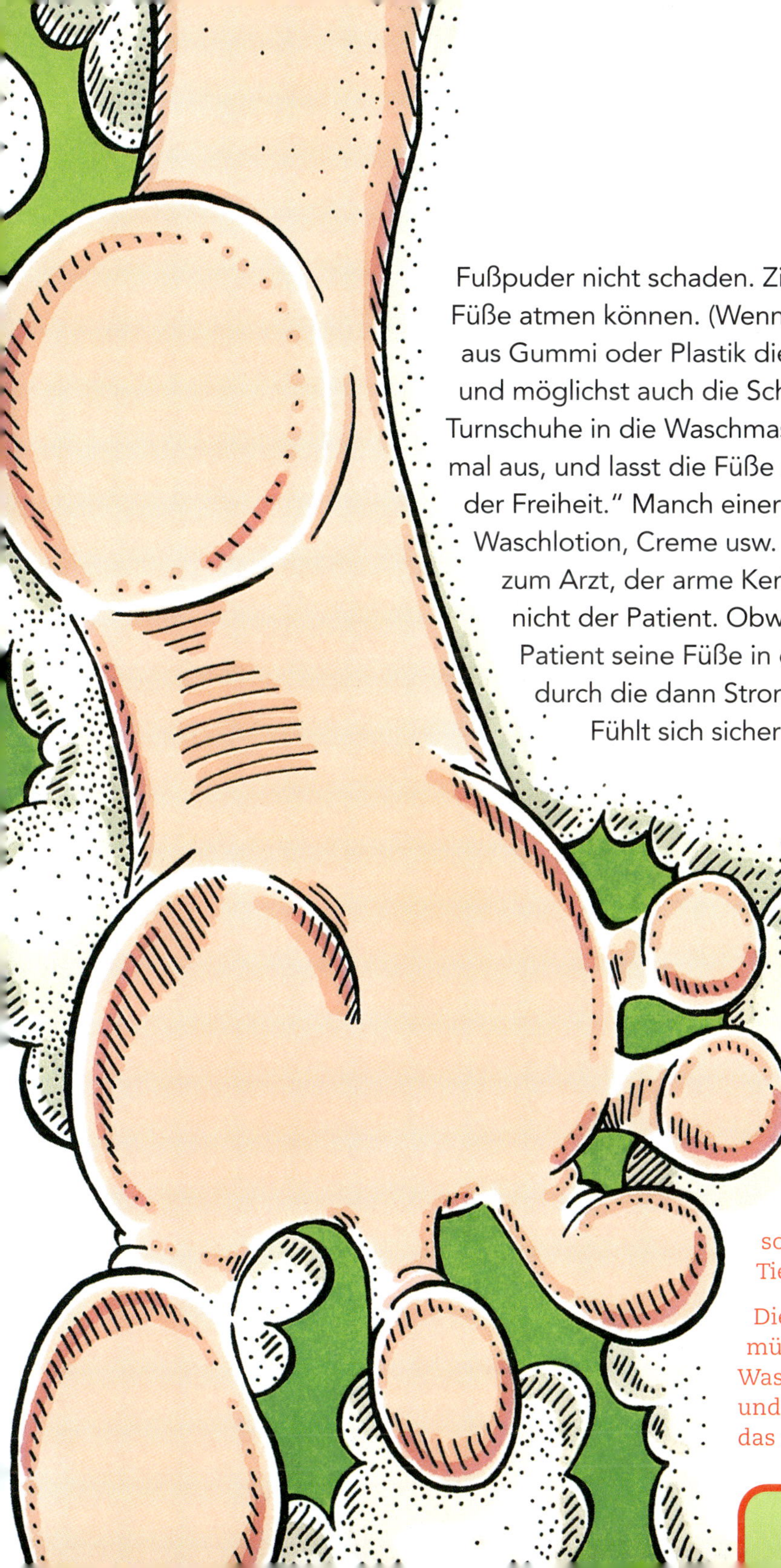

Fußpuder nicht schaden. Zieht außerdem immer Schuhe an, in denen die Füße atmen können. (Wenn ihr auf Käsefüße steht, sind hingegen Treter aus Gummi oder Plastik die richtige Wahl.) Wechselt täglich die Socken und möglichst auch die Schuhe. Und vergesst nicht, eure Socken und Turnschuhe in die Waschmaschine zu stecken. Zieht die Schuhe auch mal aus, und lasst die Füße nach Luft schnappen: „Aaahhh, der Duft der Freiheit." Manch einer lebt auf so stinkigem Fuße, dass keine Waschlotion, Creme usw. mehr helfen. Dann muss er damit zum Arzt, der arme Kerl. (Damit ist der Arzt gemeint, nicht der Patient. Obwohl …) Beim Arzt muss der Patient seine Füße in eine Flüssigkeit stellen, durch die dann Stromschläge gejagt werden. Fühlt sich sicher toll an.

Es war mal ein Mann aus Franken,
dessen Füße, die mieften und stanken.
Wenn Freunde ihn rochen,
haben sie gleich gebrochen,
sogar Stinktiere kamen ins Wanken.

Der Mann musste irgendwas tun,
gegen die Dämpfe aus seinen Schuh'n.
Da nahm er das Messer,
so roch es gleich besser:
Tief vergraben die Füße nun ruhn.

Die Moral will ich euch wohl entschleiern,
müsst vom Käsefußdunst ihr stets reihern:
Wascht die Mauken euch täglich,
und Gestank ergeht's kläglich,
das ist doch ein Anlass zum Feiern!

Ekelogie – Fiese Fakten über Mensch & Tier!
Alle Bände im Überblick:

Ekelogie

■ Dein Körper – fieser geht's nicht!

Sylvia Branzei

10–16 J., 80 S., 21 x 22 cm, Pb., vierfarbig

ISBN 978-3-8346-0392-0

Best.-Nr. 60392

15,50 € (D)/15,95 € (A)/27,40 CHF

Ekelogie

■ Fiese Tiere – Blutsauger, Schleimer, Würger

Sylvia Branzei

10–16 J., 80 S., 21 x 22 cm, Pb., vierfarbig

ISBN 978-3-8346-0394-4

Best.-Nr. 60394

15,50 € (D)/15,95 € (A)/27,40 CHF

Ekelogie

■ Dein Körper – Arbeitsmaterialien

Anja Tempelhoff

Kl. 5–8, 58 S., A4, Papphefter

ISBN 978-3-8346-0391-3

Best.-Nr. 60391

17,50 € (D)/18,– € (A)/30,70 CHF

Ekelogie

■ Fiese Tiere – Arbeitsmaterialien

Anja Tempelhoff

Kl. 5–8, 45 S., A4, Papphefter

ISBN 978-3-8346-0395-1

Best.-Nr. 60395

16,– € (D)/16,45 € (A)/28,– CHF

Verlag an der Ruhr

Alexanderstraße 54
45472 Mülheim an der Ruhr

Telefon 05 21/97 19 330
Fax 05 21/97 19 137

bestellung@cvk.de
www.verlagruhr.de

Es gelten die Preise auf unserer Internetseite.